Sorridere con il cuore

Swamini Krishnamrita Prana

Mata Amritanandamayi Center, San Ramon
California, Stati Uniti

Sorridere con il cuore
di Swamini Krishnamrita Prana

Pubblicato da:
Mata Amritanandamayi Center
P.O. Box 613, San Ramon, CA 94583
Stati Uniti

————— *Smiling Within – Italian* —————

Prima edizione: marzo 2017

In Italia:
www.amma-italia.it
amma-italia@amma-italia.it

In India:
www.amritapuri.org
inform@amritapuri.org

Indice

L'Amore è nato ed è venuto su questa Terra
nella gloria e nella bellezza: una
nascita davvero speciale.
Ha camminato tra noi con grande semplicità
celata sotto sembianze umane,
proprio come te o me.

Ci ha elargito ogni possibile grazia
e ha versato lacrime per tutta l'umanità.
Volgendo il suo splendido viso sorridente,
ha posato lo sguardo su di noi
attirandoci gentilmente tra le braccia.

Ci ha stretto teneramente al Suo petto,
asciugato le nostre lacrime e offerto riposo.
Tenendoci stretti a Lei, ha baciato il nostro viso
dicendo: "Riposa sul mio grembo, caldo e sicuro".

Con le Sue lacrime ha lavato via le nostre macchie,
ha sofferto e si è dedicata senza sosta
a rimuovere il nostro dolore.
Ha guarito, insegnato e purificato,
ha pregato, cantato, riso e pianto.

Ha camminato in mezzo a noi e traversato i mari,
viaggiando per il mondo intero chiamando te e me.
Si è resa bella e indossato una corona,
si è rivelata a noi e ci ha regalato il Suo cuore.

L'Amore è giunto tra noi perché potessimo vedere.
Per compassione, è giunta a liberarci.
La compassione e l'amore sono divenuti un sacrificio
poiché ci ha offerto la sua stessa vita.

Ha donato, donato, donato giorno e notte.
Ha donato e donato, sino a quando
ha donato tutta se stessa...

Capitolo 1

Scegliere la felicità

Un giorno un giovane leone chiese alla madre:
"Mamma, dove vive la felicità?" La madre
rispose: "Sulla tua coda, figliolo". Il giovane
leone si mise così a rincorrere la sua coda
senza mai fermarsi, sperando di afferrare
un pizzico di felicità. A fine giornata,
però, era altrettanto lontano quanto fosse
al mattino. Quando lo disse alla madre, lei
sorrise e disse: "Figlio, non hai bisogno di
rincorrere la felicità. Finché camminerai sulla
retta via, la felicità sarà sempre con te".

"La felicità è una decisione, come qualsiasi altra", ci ripete spesso Amma. Ma, esattamente, come stiamo scegliendo di essere felici?

Nella folle rincorsa di inutili oggetti e desideri, molte persone vivono in modo molto stressante e in tal modo perdono la cosa più preziosa: la pace nel momento presente. Corriamo in tondo per tutto il giorno, inseguendo nuove emozioni e distrazioni, ma sembra che non riusciamo mai ad essere completamente soddisfatti, come tanto desidereremmo.

Randy Pausch, professore di informatica e padre di tre bambini, aveva quarantasette anni quando morì di un tumore al pancreas. Qualche mese prima della fine, tenne la sua ultima lezione davanti a un uditorio gremito, ispirando persone di tutto il mondo a pensare alla morte in modo diverso.

Sapeva di avere solo sei mesi di vita, ma presentò la sua lezione con amore ed entusiasmo. Mostrò persino ai suoi ascoltatori quanto fosse in forma mettendosi a fare una serie di flessioni a terra. Volle che tutti sapessero che era pieno di vita anche se stava per morire.

Confessò ai presenti che, pur sapendo di non avere più molto tempo, si stava divertendo enormemente e che avrebbe continuato a vivere in pienezza ogni prezioso giorno che gli restava. Condivise il suo modo di vivere ricco di speranza, di sogni e di ideali. Con il suo esempio insegnò a vivere pienamente ogni giorno come se fosse l'ultimo, e a prepararsi a morire con un senso di gratitudine, meraviglia e abbandono.

Pausch ha ispirato milioni di persone in tutto il mondo a riflettere più profondamente sulla gioia della vita e sulla possibilità di arrendersi con dignità alla morte. Cosa faremmo se sapessimo di dover morire tra pochi mesi? Come impiegheremmo questo tempo? Saremmo in grado di andarcene lasciando un'immagine sorridente di noi stessi, seguendo il suo esempio?

Anche se ci viene dato tantissimo, anziché vivere con un senso di riverenza e gratitudine, ci sentiamo spesso vuoti e disillusi perché il desiderio e l'insoddisfazione vanno di pari passo.

Potremmo pensare che la totale libertà di fare ciò che ci più ci piace ci appagherà, ma non è così. "Figli, il dolore esiste solo quando c'è il desiderio", ci ricorda spesso Amma.

Amma afferma inoltre che "benché nel mondo esista l'aria condizionata, la nostra mente ne è priva: la spiritualità ci insegna a climatizzare la mente. Amma è convinta che questo è ciò di cui ha bisogno la società moderna. La mente brucia costantemente in preda ai desideri e la gente è alla folle ricerca di una pace e di una felicità che non trova. Ovunque vada, incontra tristezza, confusione, guerra e violenza".

La pace si manifesta solo quando ci dedichiamo ad amare e a servire gli altri. Mettere in pratica valori positivi riempie le nostre vite più di quanto possano darci tutti i comfort del mondo. Amare e porsi al servizio del prossimo con la giusta attitudine è la via che conduce alla quiete interiore.

Anche avere una corretta comprensione della spiritualità per non rimanere sempre delusi è importante. Compiere buone azioni è fondamentale, ma non è tutto. Dovremmo anche sforzarci di fare del bene, consapevoli della natura sempre mutevole del mondo e senza aspettarci nulla in cambio.

Se non ci impegniamo a piantare semi di azioni e valori positivi, saremo assaliti da ogni genere di ansia. La nostra mente è indisciplinata e colma di pensieri conflittuali che ci procureranno sofferenze future. Forse non riusciremo a mettere fine a questo stato di cose, ma questo non significa che dovremmo rassegnarci ad essere infelici.

Quello su cui dirigiamo la nostra energia ci ritorna indietro: vivere con un atteggiamento altruista, con accettazione e gratitudine dona pace duratura, felicità, e una ragione di vita.

Durante un programma di due giorni a Bangalore, un pomeriggio decisi di andare a passeggiare nei dintorni dell'ashram. Incontrai tre bambini seduti sul lato della strada, fuori dalla catapecchia nella quale penso vivessero. Le pareti erano formate da pezzi laceri di tela cerata blu e dal tetto di lamiera e dalle finestre usciva del fumo; la madre stava probabilmente cucinando la cena.

La famiglia era estremamente povera e sembrava che l'ambiente nel quale crescevano i bambini fosse alquanto malsano, tuttavia essi avevano un'aria molto contenta. Seduti per terra vicino alla strada, ridevano a gran voce mentre giocavano con un piccolo giocattolo a molla.

Immaginavo che la loro vita fosse piena di pericoli, vivendo sul ciglio della strada, eppure sembravano avere felicemente dimenticato la loro condizione ed erano immersi in un mondo meraviglioso, in cui regnavano la gioia e la pace.

Cosa dire di noi, che pur avendo tutto siamo insoddisfatti?

Alcune persone scelgono di dirigere i propri pensieri in una direzione positiva ed essere contenti, mentre altri si crogiolano nella loro infelicità. La scelta dipende esclusivamente da noi.

La storia che sto per raccontarvi riguarda una donna che conosce Amma dall'infanzia: da bambina aveva vissuto per molti anni ad Amritapuri (l'ashram di Amma in India) e qualche volta aveva fatto la lotta coi cuscini nella stanza di Amma con lei e con altri bambini.

Da adolescente, mentre frequentava le superiori, si comportava da ribelle: faceva tutto ciò che era contrario agli insegnamenti di Amma, ascoltava qualsiasi desiderio le si presentasse nella mente senza pensare alle conseguenze. I suoi genitori non riuscivano ad imporle una disciplina, era ingovernabile.

Mentre stava per recarsi da Amma con la famiglia, dopo una lunga assenza, avvertì un profondo rimorso. La ragazza capì che questo comportamento indisciplinato non le procurava gioia, al contrario, aumentava il suo scontento.

Quando fu davanti ad Amma per ricevere il darshan, si vergognò profondamente e si sentì in colpa. Era molto tesa perché pensava che Amma, sapendo tutto quello che aveva combinato, si sarebbe arrabbiata con lei.

Amma invece l'abbracciò stringendola forte a sé e le sussurrò nell'orecchio: "Mia cara, cara, CARA FIGLIA!" La ragazza capì all'istante che Amma era a conoscenza dei suoi misfatti e che, nonostante tutto questo, l'amava incondizionatamente. Attualmente la ragazza vive ad Amritapuri e ha deciso di dedicare la sua vita al servizio altruistico (*seva*).

Amma vive pienamente nel presente ogni momento in piena consapevolezza, e compie con perfetta consapevolezza ogni azione. È una fonte inesauribile e traboccante di qualità positive, che ci trasmette in ogni istante della sua vita.

Amma opera su molte più dimensioni di quante potremmo immaginare; per poterci sintonizzare con la sua energia vibratoria, dobbiamo elevare la nostra mente dal piano in cui dimora abitualmente e aprire il nostro cuore.

Quando siamo troppo coinvolti nel mondo, è facile perdere di vista il vero scopo della vita:

coltivare l'amore e la compassione. Sviluppare la consapevolezza ci aiuta a restare concentrati su questo obiettivo ed è il primo passo sul cammino della spiritualità. Sarà infine la consapevolezza a condurci verso stati più alti di gioia e di beatitudine.

La consapevolezza è il valore spirituale più importante che possiamo coltivare, la base di ogni virtù e pratica spirituale. È da una consapevolezza profonda che nascono tutte le qualità positive e benefiche. In effetti, il fine delle pratiche spirituali è proprio quello di favorire il suo sviluppo.

Un pomeriggio Amma uscì dall'edificio sulla spiaggia dove abitava a quel tempo e si diresse verso la riva dell'oceano. A quell'ora, c'erano poche persone; una donna, seduta sulla sabbia, recitava l'*archana* (serie di mantra, in lingua sanscrita, a lode della Madre Divina), intenta a leggere i mantra scritti sul libretto che teneva in mano. Era seriamente impegnata ad essere pienamente presente in quello che stava facendo, dirigendo la sua intera attenzione a quella preghiera.

Amma le passò accanto e diede alcune sbirciatine al libretto, ma la donna era determinata a non farsi distrarre da nulla e da nessuno e ignorò completamente la sua presenza. Colei che stava pregando così intensamente le era fisicamente accanto, ma la donna non se n'era neppure accorta: quale ironia! In tal modo, aveva chiuso la porta ad Amma.

Anche a noi capita spesso la stessa cosa. Preghiamo di poter realizzare Dio nella forma più alta che riusciamo a immaginare e, al tempo stesso, non avvertiamo la vera presenza del Divino che è ovunque e sempre con noi.

Se siamo nella piena consapevolezza mentale e dimoriamo nel momento presente, potremo riuscire a sintonizzarci con Amma ovunque. Lei è completamente immersa nel *qui e ora*, ed è per questo che può percepire i nostri pensieri e le nostre preghiere e dare loro risposta.

Quando viviamo il momento presente in assoluta consapevolezza, avvertiamo un senso di pace e di equanimità che non permette all'ego d'insinuarsi e dire: "Un attimo, avrei bisogno di più spazio". Spiacenti, quando si è totalmente consapevoli, non c'è posto per lui.

L'ego non può esistere nella mente quando si è nella consapevolezza.

Coltivare la consapevolezza esteriore è fondamentale per preservare quella interiore. Questa è la qualità più importante che dobbiamo sforzarci di acquisire. Amma dice che "nella luce della consapevolezza è possibile vedere ogni cosa per quello che è realmente".

La consapevolezza ci guida verso la devozione e la fede e ci porta infine a comprendere che solo Dio esiste.

Il Dio che preghiamo rimane sempre celato in noi, nascosto in ogni persona e in ogni cosa che incontriamo. Occorre immensa consapevolezza per aprire gli occhi e il cuore alla pura verità che il Divino e l'amore sono assolutamente ovunque.

Se riusciamo a sviluppare la consapevolezza, la felicità che stiamo continuamente cercando apparirà spontaneamente e ci troveremo sempre a sorridere con il cuore.

Capitolo 2

Insegnamenti pratici

"Nell'istante in cui udii per la prima volta una storia d'amore, cominciai a cercarti senza sapere quanto questo fosse inutile. Non esiste un luogo dove gli innamorati si incontrano, poiché essi sono già uno nell'altro, sempre e ovunque".

— *Jalaluddin Rumi*

Amma ha detto più volte che un ricercatore spirituale dovrebbe sviluppare *shraddha* (consapevolezza), *bhakti* (devozione) e *vishwasam* (fede), in questo preciso ordine.

Ascoltando per la prima volta questa frase, potremmo rimanere confusi, ma Amma prosegue spiegandoci che solo sviluppando la consapevolezza permettiamo alla devozione autentica di sbocciare e di trasformarsi in una fede incrollabile, perfetta e immutabile.

Shraddha ci dona la vera devozione che conduce alla vera fede. Ognuna di queste qualità ci guida spontaneamente all'altra. È importante coltivarle rispettando questa sequenza perché, altrimenti, la devozione prodotta si baserebbe su sentimenti superficiali. Questo tipo di fede sarà come il vento: sempre mutevole.

Amma porta un esempio lampante per illustrare meglio questo punto: se mentre guidiamo la macchina un pallone rotola in strada, dovremmo essere consapevoli che molto probabilmente il bambino che lo sta rincorrendo arriverà subito dopo. Perciò dovremmo guidare lentamente e con estrema attenzione per evitare un incidente.

Nonostante l'avessi ascoltata parecchie volte mentre descriveva, uno dopo l'altro, il significato di *shraddha*, *bhakti* e *vishwasam*, non avevo ancora compreso fino in fondo perché si dovesse seguire questa sequenza. Poi, un giorno, mi divenne perfettamente chiaro.

Accadde in una di quelle giornate in cui avevo avuto discussioni con alcuni residenti dell'ashram. Alla fine, però, fui estremamente grata di questa esperienza perché mi insegnò l'importanza di sviluppare per prima la consapevolezza.

Possiamo trarre un insegnamento positivo da ogni circostanza, se permettiamo alla mente di aprirsi e di comprendere.

Una sera, durante il tour del Sud dell'India, stavo aspettando che Amma si dirigesse verso la sua camera dopo aver distribuito e benedetto la cena (*prasad*) sulla terrazza dell'edificio accanto. In genere preferisco non starle fisicamente molto vicina, perché sono tantissime le persone che desiderano starle accanto. Cerco però di essere presente e di aiutarla a salire o a scendere i gradini se lungo il percorso ci sono delle scale. Tutti vogliono stringersi intorno ad Amma e fare in modo che lei li guardi, ma non pensano che così facendo lei rischia di non vedere un gradino o d'inciampare mentre dona loro attenzione (questo fatto è accaduto parecchie volte in passato).

Quella sera, una residente dell'ashram decise di attendere il suo arrivo mettendosi alla fine della scala. Pensando all'incolumità di Amma, le dissi che avrei potuto urtarla indietreggiando mentre stavo aiutando Amma a scendere i gradini (la donna era proprio in mezzo al passaggio). Non mi azzardavo a chiederle di spostarsi perché conoscevo il suo temperamento.

La residente non fece alcun commento, ma poco prima che Amma arrivasse, si chinò verso di me e disse: "Lei è MIA madre!", con un tono che lasciava chiaramente intendere che mi avrebbe uccisa se le avessi impedito di toccare Amma mentre camminava. Rimasi un po' sorpresa dalla sua reazione, perché in genere le persone mostrano rispetto per chi è un monaco (*sannyasi*). Ma questo non accade quando si tratta di stare fisicamente vicini ad Amma.

Riflettendo sull'accaduto, capii perché Amma sottolinei l'importanza della consapevolezza prima di sviluppare la devozione. Mi era diventato più chiaro il significato della sua affermazione ed ero felicissima di aver compiuto un enorme e improvviso passo nella comprensione.

Molti si innamorano di Amma e provano un grande attaccamento per lei, incuranti degli altri. A volte, chi incontra Amma per la prima volta trova difficile capire la condotta folle di quelli che le stanno attorno: nel tentativo di avvicinarsi ad Amma, si comportano come animali selvaggi.

Amma è contenta che abbiamo lo stesso abbandono spontaneo delle *gopi* (le pastorelle di Vrindavan), nato dal supremo amore per il

Signore Krishna. Tuttavia, la loro devozione per Krishna era estremamente innocente… Questa innocenza manca spesso nell'attuale *Kali Yuga* (epoca oscura dove prevale il vizio). Le *gopi* dimenticarono ogni cosa nella ricerca del Signore Krishna.

Per assumere il comportamento o l'atteggiamento più adatto alle circostanze è necessario essere coscienti di ciò che accade. Il nostro amore è spesso molto opportunista, e qualche volta somiglia più all'egoismo che all'amore puro che conseguiremmo nello sviluppare innanzitutto la consapevolezza.

Essere coscienti ha un significato molto più ampio di quanto pensiamo: può indicare anche fiducia, fede, convinzione e accettazione, oltre a denotare il modo in cui agiamo. Dire che agiamo coscientemente, vuol dire che compiamo le nostre azioni con attenzione, con cura e con sincerità.

La consapevolezza ci aiuta a capire che ogni cosa dell'universo è stata creata per trasmetterci un messaggio positivo e che tutto origina da un'unica Coscienza Suprema. Coltivandola, comprenderemo infine che Dio è onnipresente;

occorre tuttavia un fortissimo potere di concentrazione per riuscire a rimanere costantemente focalizzati su di Lui.

Accrescere la consapevolezza esteriore ci consentirà di prendere coscienza della presenza del Divino che è in noi. Sforziamoci quindi di esercitare la presenza mentale in ogni nostra azione, impegniamoci a farlo, per poter agire al momento giusto e nel modo giusto.

Un giorno, mentre stavamo giungendo all'ingresso della sala del programma di Mannheim, in Germania, un ragazza era così elettrizzata dall'arrivo di Amma che, prima ancora che l'auto si fermasse, cercò di aprire con forza la portiera. Afferrai il braccio di Amma per evitare che la devota, senza volere, la tirasse verso di sé con la vettura ancora in movimento.

È bene avere una devozione entusiasta, che sia però fondata sul discernimento. Quella ragazza, nel suo "alto stato di devozione", rischiava di far cadere Amma dalla macchina.

Se è la nostra natura, perché ci è così difficile essere pienamente coscienti? Credo che sia perché ci siamo oramai abituati a vivere senza pensare troppo, non avendo dedicato tempo sufficiente a coltivare questa sottile qualità. Abbiamo difficoltà a rimanere a lungo in uno stato di vera consapevolezza perché siamo soliti camminare nel mondo come sonnambuli, prestando poca attenzione a ciò che ci succede.

Durante un darshan ad Amritapuri, Amma diede una manciata di *prasad* (cibo benedetto) a una devota, dicendole di distribuirlo a tutti; la donna era però talmente occupata a fare altro che, distrattamente, lo mise tutto in bocca.

Amma si voltò verso di lei e le chiese: "Dov'è il *prasad*?" Mortificata, la devota guardò Amma in silenzio. (Non avrebbe comunque potuto rispondere anche se avesse voluto… aveva la bocca troppo piena!) Alla fine Amma scoppiò in un'allegra risata nel vedere quanto fosse dispiaciuta.

Vivere in modo inconsapevole è un'abitudine dannosa, molto sottile, a cui non diamo grande importanza. Siamo soliti 'seguire l'onda' e non impegnarci a stare nel momento presente. Ecco perché sembra spesso impossibile poter rimanere a lungo in profonda concentrazione.

Sprechiamo la nostra esistenza inseguendo imprese avventurose sulle ali della fantasia, senza fermarci un attimo e dimorare nel momento presente, dove dovremmo essere. Questo è uno degli aspetti più difficili della spiritualità.

Qualche anno fa fui invitata ad andare ad Azhikil, un villaggio vicino all'ashram, ad inaugurare un corso femminile di taglio e cucito, accendendo la rituale lampada ad olio e celebrando l'*arati* (atto di culto). Sono sempre tesa quando devo svolgere l'*arati*, perché mi è difficile suonare la campanella con una mano mentre con l'altra ondeggio il vassoio con la canfora accesa nella direzione opposta. Tutto ondeggia: i vestiti, le mani, le ginocchia, tutto, tranne quella benedetta campanella!

Quando arrivò il momento propizio, la mia ansia fece sì che eseguissi subito l'*arati* invece di accendere prima la lampada ad olio e poi svolgere l'*arati*. Ero contentissima che la funzione fosse finita finché qualcuno si chinò verso di me e mi sussurrò: "Hai dimenticato di accendere la lampada…" Ovviamente l'intera cerimonia era stata ripresa dalla videocamera con ulteriore imbarazzo da parte mia.

Mentre tornavamo all'ashram, mi misi a scherzare sull'accaduto dicendo: "In Australia noi celebriamo così questa funzione… perché viviamo 'a testa in giù', facciamo tutto al contrario…" Questo fatto è ancora uno dei (molti) momenti più imbarazzanti della mia vita.

Oggi vivo maggiormente nel momento presente e quando devo celebrare l'*arati* cerco di non pensarci. Invece di rimuginare, progettare e preoccuparmi di quello che dovrò fare, dimoro nel presente. Le cose vanno molto meglio quando mi comporto in questo modo (anche se la mia scampanellata lascia sempre molto a desiderare).

Potremmo pensare che sia piuttosto facile sviluppare la vera consapevolezza, che sia sufficiente sforzarsi di essere maggiormente concentrati, ma in effetti è molto più difficile di quanto sembri.

Un'attenta consapevolezza aiuta la nostra conoscenza a fluire nella giusta direzione, quella verso cui dovrebbe dirigersi, anziché disperdersi ovunque seguendo innumerevoli e svariate vie, conducendoci in situazioni e mondi immaginari dove non dovremmo andare. Se ci impegniamo a coltivare la consapevolezza e ad applicarla concretamente, potremo disporre della nostra conoscenza quando sarà più opportuno, al momento giusto e nell'occasione giusta. Dobbiamo cercare di tenere costantemente la mente sotto controllo, ricordandole che è meglio diventare più coscienti del proprio Sé interiore - di *Quello* che siamo veramente. Tuttavia, è molto difficile per noi staccarci dal chiacchierio della mente (che continua da tutta una vita) e capire che non siamo tutto ciò che pensiamo di essere.

Un giorno, mentre eravamo in aeroporto, un ragazzo seduto vicino ad Amma cominciò a raccontare di quando era andato dalla zia, che gli aveva preparato dei buonissimi *chapati* ricoperti di *ghi* (burro chiarificato, N.d.T.). Mi chinai verso di lui e gli sussurrai: "È l'unica cosa a cui riesci a pensare mentre siedi vicino alla Madre Divina?"

Il ragazzo replicò: "No, penso anche ai *chapati* ricoperti di *ghi* e di miele!"

Molti di noi vivono come se fossero ciechi, senza rendersi conto del potenziale insito in questa nascita umana. Quando riusciremo ad aprire gli occhi e a vedere la magnificenza della creazione di Dio in tutta la sua gloria, sapremo che cos'è la vera e duratura felicità.

Capitolo 3

Sviluppare la consapevolezza

"Fai della tua vita una ghirlanda di nobili azioni".

— *Buddha*

Siamo tutti sul cammino spirituale, che ne siamo consapevoli o meno, che crediamo in Dio oppure no. Questa nostra nascita umana ci offre l'opportunità di iniziare una trasformazione che ci conduca a un livello di coscienza superiore. L'evoluzione stessa *ci sta portando* sul sentiero della spiritualità.

Sviluppare *shraddha* sotto forma di attenta consapevolezza ci farà avanzare su questo cammino e raggiungere l'obiettivo di una vita serena. Persino coloro che affermano di non provare alcun interesse per la spiritualità agiranno certamente con più efficacia se accresceranno anche di pochissimo la loro presenza mentale. La consapevolezza è necessaria in ogni aspetto della vita, non solo nella spiritualità. Anche un ladro deve essere pienamente consapevole se vuole guadagnarsi da vivere!

Una devota aveva perso l'astuccio con le matite ed era certa che Amma l'avesse preso e nascosto. Una sua compagna le disse: "No, Amma compie solo buone azioni. Avevi la mente altrove e così l'hai perso!"

La prima ragazza replicò: "No, io non perdo mai nulla, è stata certamente Amma a prenderlo. Un fatto analogo è successo quando ho inciampato nel letto: sicuramente Amma l'aveva spostato in mezzo alla stanza. Il letto non era mai stato mosso prima di allora e non sono solita andare a sbattere contro le cose!" Com'è ostinata la nostra mente: incolpa sempre gli altri (e Amma) per tutti i nostri errori.

Occorre avere moltissima presenza mentale per portare avanti dei progetti accanto ad Amma perché, inevitabilmente, sopraggiungono tanti imprevisti. Lei, però, è sempre pronta a guidarci e a sostenerci quando i nostri sforzi sono insufficienti.

Qualche anno fa, durante il programma di Amma a Penang, in Malesia, preparammo con cura il tragitto che lei avrebbe percorso - o quello che pensavamo avrebbe percorso - scendendo dal palco al termine del programma. Appena si alzò, dopo aver dato il darshan a migliaia di persone, spostammo indietro il *pitham* (seggio su cui siede) in modo che potesse allontanarsi.

Fuori dalla sala, un'enorme folla attendeva di poterla incontrare. Le persone erano arrivate tardi e non potevano entrare perché i cancelli dello stadio erano stati chiusi per poter contenere la grande moltitudine di gente che già si trovava all'interno.

Quando Amma seppe che all'esterno molti aspettavano disperatamente di avere il suo darshan, disse di aprire le porte e di farli entrare. Ad Amma non piace rifiutare nessuno. Era già pomeriggio e lei stava abbracciando le persone dalla sera precedente, senza aver mangiato nulla né essersi concessa una pausa. Si sedette per terra dove si trovava, sul bordo del palco, e riprese a dare il darshan per l'intero pomeriggio, finché non ebbe abbracciato tutti i presenti.

Mentre controllavo il tragitto che avrebbe dovuto percorrere, in un angolo del palco vidi un chiodo che spuntava dal tappeto. Lo tolsi spaventata, pensando a cos'altro avrei potuto trovare, e poi ricontrollai assieme ad altri l'intera area. Quando Amma terminò finalmente il darshan, invece di dirigersi verso il percorso che avevamo preparato, si diresse verso il lato opposto del palco, camminando lungo il retro a piedi nudi.

Nessuno aveva pensato di ispezionare quel lato e controllare se c'erano vetri rotti o chiodi arrugginiti. Questo è il modo di agire di Amma: non importa quanto ci siamo impegnati, riesce sempre a cogliere i nostri piccoli momenti di disattenzione quando meno ce lo aspettiamo.

Amma ci fa stare sempre all'erta perché sa che la compassione nasce da una solida consapevolezza, senza la quale non è possibile una comprensione autentica e un amore puro. Quando osserviamo la sua vita, ci accorgiamo che la sua profonda compassione e pazienza infinita nascono dalla consapevolezza che lei ha della sofferenza umana.

Amma ascolta ogni giorno tantissimi malati che le raccontano i loro disturbi al cuore o ai reni, le confessano di soffrire di diabete o di altre gravi malattie; persone di ogni estrazione sociale che sono travagliate e che, per un motivo o per l'altro, non riescono più a far fronte alla loro situazione. La loro sofferenza può essere dovuta alla mancanza di cibo, di denaro o di una assistenza sanitaria di base.

Ecco perché Amma è così scrupolosa e attenta nell'insegnarci come utilizzare correttamente le cose senza sprecare nulla. Lei sa che si possono aiutare molte più persone quando gestiamo con cura le risorse che ci sono state affidate.

Con tono quasi scherzoso, Amma dice che deve sottoporre a un esame tutti i *brahmachari* (discepoli celibi) che si occupano della costruzione di strutture per conto dell'ashram, quali ospedali, scuole o case per i poveri.

In una di queste occasioni, Amma interrogò uno di loro: "Quanti mattoni occorreranno per completare la costruzione di questi metri quadri? E quanti sacchi di cemento serviranno per edificare in quell'area?" Amma conosce le risposte esatte perché nel corso degli anni ha preso in considerazione tutti i dettagli che compongono ognuna di queste fasi.

Inizialmente nessuno riusciva a superare questi test, non essendosi mai curato di approfondire i vari aspetti del proprio lavoro, ma sotto la guida di Amma e seguendo le sue indicazioni, le persone sono gradualmente riuscite a sviluppare un livello straordinario di consapevolezza in diversi ambiti della vita, anche quelli che ritengono lontani dalla spiritualità.

Amma ci mostra come *ogni cosa* sia interconnessa e ci esorta ad avere consapevolezza nelle nostre azioni quotidiane. Dobbiamo studiare a fondo il compito che abbiamo di fronte. A volte il nostro sé limitato potrebbe rifiutarsi, dicendo che quell'incarico non ha nulla a che fare con la spiritualità. Ebbene, anche in tal caso, dobbiamo perseverare e continuare a svolgerlo.

Amma non considera mai una cosa spirituale e un'altra inferiore o più mondana. Conosce la vera natura delle cose e vede il bene ovunque. Il suo unico pensiero è: "Come posso aiutare chi è nel bisogno?" Amma è un fiume d'amore, che nel suo corso si trova a dover affrontare le complessità ed asperità della vita; lei ci insegna come gestire correttamente ciò che si presenta a noi senza trascurare nessun dettaglio.

In occasione del suo cinquantesimo compleanno (Amritavarsham), i responsabili degli acquisti per la cucina volevano comprare quattro milioni di piatti di carta per servire il cibo durante i quattro giorni dei festeggiamenti. Una tale quantità avrebbe prodotto una montagna di rifiuti e, poiché ognuno di essi costava 3,5 rupie, avremmo speso una fortuna.

Amma chiese loro di acquistare piatti in acciaio, che vennero portati all'ashram e riutilizzati al termine delle celebrazioni. Fu un acquisto rispettoso dell'ambiente, e la grande somma di denaro risparmiata venne utilizzata per aiutare i poveri.

Amma mostra sempre come svolgere nel migliore dei modi i propri compiti, con la massima attenzione e il minimo spreco. Noi, semplicemente, non abbiamo la sua profonda consapevolezza nel pensare e pianificare. Così, la maggior parte della gente preferisce la soluzione più facile e spesso costosa.

Senza mai stancarsi, Amma cerca di insegnarci a diventare consapevoli perché sa che in tal modo la nostra conoscenza interiore si trasformerà in pura saggezza. La sorgente della spiritualità nasce dall'affinare, sviluppare e orientare questa capacità.

Molti anni fa una sorella di Amma ricevette in regalo un braccialetto d'oro di un certo spessore per il suo bambino. Un giorno, mentre si stava preparando per recarsi nella città vicina, Amma vide il bambino indossare il braccialetto e disse che, se l'avesse indossato in pubblico, l'avrebbe perso.

La sorella non le diede retta e uscì con il figlio per prendere l'autobus. Mentre stavano per salire, notò che il braccialetto era scomparso dal polso del bambino. Molto turbata, tornò sui suoi passi sperando di ritrovarlo, ma senza riuscirci.

Rientrata a casa, era sul punto di scoppiare in lacrime. Non aveva ancora dato la brutta notizia quando Amma esclamò: "Oramai hai perso il braccialetto, a che serve piangere adesso?" La donna si ricordò dell'avvertimento di Amma e capì che avrebbe dovuto ascoltarlo.

Mentre procediamo nei meandri della vita incontreremo innumerevoli e svariate situazioni. Ciò nonostante, è importante tenere a mente il proprio obiettivo, per non perdere di vista il vero scopo per il quale siamo qui. Alla luce di tale obiettivo, scopriremo che gli oggetti esteriori che ci procuravano così tanta gioia e dolore perdono spontaneamente la loro importanza. Acquisire presenza mentale ci aiuterà a compiere numerosi passi avanti sul cammino spirituale e a vivere più serenamente.

Conosco una bambina che ovunque va ha sempre con sé la bambola di Amma. Attraverso questa bambola, Amma le insegna tante cose sulla vita, sulla compassione e su come comportarsi con le persone.

Un giorno la bambina mi raccontò che la bambola stava facendo un pisolino nel suo maglione. Le chiesi perché Amma avesse così sonno (Amma difficilmente fa dei pisolini). La bambina rispose che Amma non dorme molto e che tiene sempre gli occhi aperti... perché non può smettere di amare! Nella loro innocenza, a volte questi piccoli comprendono Amma molto più profondamente di molti di noi.

Con la consapevolezza e il discernimento possiamo scendere dalla testa al cuore; se riusciamo a farlo, scopriremo che, in effetti, non ci siamo "calati" ma "innalzati", siamo sfuggiti alla morsa della negatività per giungere a uno stato più alto e piacevole.

Purificate la mente e vedrete il Divino brillare ovunque e attraverso ogni cosa. Se Dio vi guida verso il bordo della scogliera, abbiate fiducia in Lui e abbandonatevi: il Divino vi afferrerà o vi insegnerà a volare.

Capitolo 4

L'arte dell'abbandono

"Non ero contento della vita e dell'amore.
Poi ho incontrato una donna di nome
Ammachi che mi ha ridato il sorriso.
L'oscurità non può competere con lei".

— *Jim Carey*

Una trama complessa del Disegno Cosmico collega ogni cosa di questa dimensione con altre dimensioni e con altre vite. È un Disegno complesso, intrigante e avvincente: ogni tassello va perfettamente e inesorabilmente a posto, ma spesso nei modi che meno ci aspettiamo.

Sebbene non riusciamo a immaginare lontanamente il fine grandioso di questo Disegno, dovremmo cercare di mantenere la consapevolezza che tutto è Volontà divina. Solo quando ne prendiamo coscienza possiamo intuire la vera natura delle cose e capire come muoverci correttamente; una tale comprensione ci donerà pace.

Una volta, mentre eravamo a Coimbatore, durante il tour dell'India del Sud, c'erano continue interruzioni di corrente. Tutti erano molto preoccupati per la mancanza di elettricità nella stanza di Amma. Dal canto suo, lei stava tranquillamente seduta accanto a una lampada ad olio che illuminava delicatamente la stanza buia, per nulla allarmata dalla mancanza di corrente. Aveva anche commentato quanto fosse piacevole il tenue chiarore della lampada e come tutto questo le ricordasse la sua infanzia. Aveva accettato l'accaduto e si era adeguata alla situazione di buon grado.

Tutti erano preoccupati al pensiero di averle causato disagio, ma Amma non la pensa in questo modo e coglie sempre il meglio di ogni circostanza. Dobbiamo sforzarci di accogliere positivamente ciò che la vita ci presenta: non esistono errori in tutto quello che accade. Dobbiamo solo impegnarci a fare del nostro meglio in ogni situazione poiché non saremo mai in grado di capire fino in fondo il Disegno Cosmico nella sua complessità.

Amma trasforma ogni nostra azione in pratica spirituale. Sono tantissime le persone che vogliono viaggiare con lei, e organizzare tour con gruppi così numerosi richiede grandissimo discernimento, impegno e consapevolezza. È difficile prevedere le sottili difficoltà che potrebbero annidarsi inosservate, ma Amma è una guida perfetta.

Nel luglio del 2011 ci trovavamo a Tokyo per un programma di Amma. Erano trascorsi pochi mesi dal più forte terremoto che avesse colpito il Giappone, a cui era immediatamente seguito un violento tsunami. Questi due disastri naturali avevano prodotto enormi distruzioni, inimmaginabili. Il danneggiamento di diversi reattori nucleari aveva provocato il rilascio di radiazioni tossiche nell'ambiente. Migliaia di persone erano morte e una paura profonda si era rapidamente diffusa in ogni angolo del Giappone e propagata nel resto del mondo.

Centinaia di migliaia di persone erano state evacuate e la comunità internazionale era preoccupata per la minaccia incombente dell'avvelenamento radioattivo. Amma reagì in modo opposto, volle far visita alle aree colpite per portare conforto ai loro abitanti poiché comprendeva fin troppo bene il trauma subito.

Tutti l'avvertirono del pericoloso livello di radiazioni presenti in quelle zone, ma questo non la impaurì. Si limitò a proibire ai bambini di accompagnarla e disse che solo chi lo desiderava veramente avrebbe dovuto seguirla. Naturalmente tutti decisero di andare con lei.

Amma chiese ad alcuni devoti di informarsi su come raggiungere i luoghi colpiti il più rapidamente possibile, perché nei suoi tour non c'è mai molto tempo libero. Amma desidera sempre che si organizzi un suo programma all'indomani dell'arrivo nel luogo che lo ospita (talvolta persino il giorno stesso in cui lei arriva). Era quindi fondamentale non perdere tempo, per non compromettere lo svolgimento dei programmi successivi. Ad Amma non importa avere tempo per riposare (contrariamente alla maggior parte di noi).

A Tokyo si sarebbero tenuti diversi programmi e avremmo avuto meno di un giorno per recarci a Osaka, la città seguente, dove avrebbero avuto luogo programmi di più giorni. Cinquanta persone volevano unirsi ad Amma.

Scoprimmo che i mezzi più rapidi e convenienti per percorrere grandi distanze erano il camper, il minibus o il treno.

Amma è molto attenta a non sprecare tempo e denaro quando viaggia nel mondo, avendo visto tantissima gente soffrire perché non aveva neppure poche rupie. Ci insegna come gestire coscienziosamente ogni aspetto della programmazione e scoprire così il modo più semplice, facile e diretto per risparmiare tempo e denaro. Grazie a questa sua meticolosa accortezza, è possibile devolvere il denaro risparmiato nel servizio e nelle opere umanitarie, volte ad aiutare chi ha molto meno di noi. Questa pianificazione coscienziosa contribuisce all'acquisizione di una mentalità fondata su una vera consapevolezza.

Mentre ci affrettavamo a raggiungere la zona colpita dallo tsunami, la nostra attenzione fu messa alla prova. Ci venne detto che avremmo avuto poco tempo tra un treno e l'altro: salimmo su un treno velocissimo per poi effettuare molti cambi prima di arrivare a destinazione.

Uno degli organizzatori giapponesi ebbe la fortuna di sedersi vicino ad Amma sul primo treno e di poterle porgere alcune domande. E io ebbi la fortuna di ascoltare le risposte.

L'uomo le parlò dei propri problemi personali e le chiese come affrontarli vivendo e lavorando nel mondo degli affari. Amma gli rispose con queste parole semplici, ma profonde: "La consapevolezza e l'abbandono sono esattamente la stessa cosa. Le qualità della consapevolezza e dell'abbandono sono i due lati della stessa medaglia. Devi imparare ad abbandonarti a tutto ciò che accade nella tua vita, qualunque cosa sia. Le persone pensano che sia duro abbandonarsi, credono che sia estremamente arduo: "Come riuscirò ad abbandonarmi?" si chiedono. Ebbene, se vi sforzate sinceramente, scoprirete che non è poi così difficile".

Quest'uomo ebbe l'opportunità di ascoltare un breve *satsang* molto ispirante durante il primo tratto del viaggio. Pensai quanto fosse stato fortunato ad avere qualcosa di così profondo, come la consapevolezza e l'abbandono, su cui riflettere.

Quando arrivò il momento di cambiare treno, l'organizzatore cercò di assicurarsi che nessuno si fosse perso perché eravamo un gruppo numeroso. Aveva con sé il mio biglietto e quello di Amma, e noi lo seguivamo standogli appresso.

Quando Amma si reca da qualche parte, tutti cercano di starle il più vicino possibile. Per quanto mi riguarda, evito di starle a fianco a meno che non sia proprio necessario. Sono contenta di trovarmi spesso in fondo al gruppo e anche in questo frangente finii proprio per essere l'ultima della fila.

Seguii le persone che salivano sul treno e montai su una delle ultime carrozze. Sapendo che avrei potuto raggiungere Amma in testa al treno, iniziai ad attraversare i vari vagoni. L'organizzatore, però, non mi vide e pensò innocentemente: "Oh, swamini Amma non è stata abbastanza svelta e probabilmente ha perso il treno!" Preoccupato che mi fossi smarrita, tornò sul binario a cercarmi.

All'improvviso il treno cominciò a muoversi. Io mi trovavo al sicuro a bordo, ma l'uomo pensò che fosse meglio per lui restare a terra e aspettarmi, nel caso non fossi riuscita a salire e mi trovassi sperduta in un luogo che non conoscevo. Ero estremamente dispiaciuta per lui perché era colpa mia se non li avevo raggiunti velocemente.

D'altro canto, pensai che avrebbe dovuto sapere che ero abbastanza sveglia da salire su un treno e non rimanere bloccata in un paese straniero!

Il treno partì e il pover uomo restò a terra, in compagnia di alcuni nostri biglietti supplementari che gli avrebbero potuto far comodo e di un bellissimo *satsang* sulla consapevolezza e sull'abbandono su cui riflettere. Gli si era presentata un'ottima possibilità di praticare l'abbandono subito dopo il *satsang* ricevuto. Fortunatamente, non dovette attendere a lungo e riuscì a prendere il treno successivo.

Amma sa che in parecchie persone la parola "abbandono" suscita molto timore; pensano che "abbandono" voglia dire dover svuotare il proprio portafoglio, regalare tutto quanto si possiede e diventare un mendicante. Ma non è affatto così. Abbandono significa accettare ogni cosa che ci accade con il giusto atteggiamento.

Poiché questo termine incute così tanta paura, Amma ci consiglia di non usarlo con chi non è ancora pronto a comprenderne pienamente il significato e di sostituire la parola "abbandono" con "consapevolezza". In realtà, entrambi hanno lo stesso significato. Amma può offrirci insegnamenti molto profondi, che vanno però messi in pratica nella vita di ogni giorno e non archiviati nella libreria polverosa delle informazioni spirituali della nostra mente.

Per impegnarsi nelle pratiche spirituali, non è necessario sedersi o meditare o compiere rituali particolari. Osservare gli aspetti pratici della vita di ogni giorno può essere un'attività profondamente spirituale. Restare consapevoli mentre ci muoviamo nel mondo è una delle pratiche più importanti e profonde che possiamo svolgere.

Capitolo 5

La saggezza del Guru

"Uno scrittore arrivò in un monastero
per scrivere un libro sul Maestro.
'La gente dice che lei sia un genio.
Lo è davvero?' chiese.
'Proprio così' rispose il Maestro
senza troppa modestia.
'E cosa rende una persona un genio?'
'La capacità di riconoscere'.
'Riconoscere cosa?'
'La farfalla in un bruco, l'aquila in un uovo
e il santo in un essere umano egoista'".

– Anthony de Mello S.J.

Amma dice che dimorare in uno stato di totale abbandono è avere realizzato Dio. Ma chi tra noi può dire di vivere così? Amma sa che nessuno di noi è capace di un abbandono completo e totale. In effetti, per quanto mi sembra di vedere, solo

Amma ci è riuscita. Ogni singolo giorno, lei si abbandona a noi e a tutti i nostri piccoli desideri.

Spesso, i devoti la pregano di poter svolgere il rito di abluzione dei suoi piedi e di adornarla secondo la tradizione. Amma potrebbe rifiutare tante volte, perché non desidera essere venerata in questo modo. Queste persone però continuano a insistere fino a quando Amma cede e le asseconda, mossa da compassione e dal desiderio di renderle felici.

L'abluzione dei piedi è una cerimonia che simboleggia il pieno abbandono del devoto al Guru e viene sempre eseguita alla fine di un darshan, spesso molto lungo. Sono pochissimi i devoti che pensano a quante ore Amma rimanga seduta senza mai alzarsi, nemmeno per sgranchirsi le gambe. Al contrario, molti si aspettano che lei resti seduta ancora di più, in modo da poter svolgere questa cerimonia, che simboleggia l'*abbandono* al termine del programma.

Naturalmente è Amma che infine si arrende e con riluttanza permette loro di svolgerla. La penso spesso come una 'schiava dell'amore': Amma asseconda sempre con umiltà i nostri desideri.

Moltissimi di noi, senza accorgersene, approfittano del desiderio di Amma di servire. Dovremmo invece sforzarci di mettere Amma nella posizione di essere il nostro Maestro, invece di renderla nostra schiava. Spinti dalla brama, vogliamo spesso fare di testa nostra, pensando di poter così realizzare i nostri desideri che non hanno mai fine.

Stiamo ancora *arrancando* sulla strada verso la vera e agognata libertà, ma la maggior parte di noi ha scelto il percorso turistico e si ferma a guardare il panorama e a godere delle attrazioni lungo la via. A volte può essere davvero divertente perdersi in *maya* (illusione cosmica), cercando di sperimentare tutto quanto è possibile per assaporare un pizzico della gioia eterna e del vero appagamento a cui aspiriamo da sempre; alla fine, però, ci attende un buco nero che inghiotte questi piaceri.

Di tanto in tanto ci perdiamo per ore, giorni e persino anni, in un mondo tutto nostro, popolato da incubi molto realistici nati dall'avere perso il controllo della mente. Con questi pensieri ed emozioni sfrenati creiamo ogni possibile e folle scenario.

Durante il tour degli Stati Uniti, di solito pernottiamo nel New Jersey la sera prima del programma di New York. Ci fu un anno in cui molte persone che viaggiavano con noi, compreso un ragazzino, non percorsero il tragitto dal New Jersey alla sala del programma con noi, ma in un'auto separata. Il viaggio era abbastanza lungo e tutti erano stanchi. Il fanciullo si appisolò in macchina e, mentre stavano attraversando Chinatown, si svegliò di colpo. Spaventato, disse al conducente: "Oh no, hai sbagliato strada... saremmo dovuti andare al programma di New York e invece siamo finiti in Cina!" Nella sua mente l'auto aveva preso la direzione sbagliata ed era veramente preoccupato, pensando di trovarsi dall'altra parte del mondo!

I suoi compagni di viaggio si burlarono di lui dicendo: "Sì, hai ragione, abbiamo svoltato dalla parte sbagliata e ora siamo in Cina. Cosa facciamo adesso?" Quando alla fine arrivarono al programma (dopo un bel po' di tempo, dato che la Cina è piuttosto lontana da New York!) il bambino corse dalla madre ed esclamò: "Mi hanno portato in Cina, siamo dovuti andare in Cina per arrivare qui!"

Potremmo ridere di questo suo errore innocente, ma siamo poi così diversi da lui? Spesso ci creiamo delle fantasie, solitamente più intense e molto meno innocenti dell'immaginare di essere finiti in un paese sbagliato. Quali mondi creiamo?

Ogni giorno il Divino stesso ci offre delle opportunità che hanno lo scopo di insegnarci l'abbandono ma, sfortunatamente, spesso non le riconosciamo per quello che sono realmente: "messaggi dall'Amato". Interviene sempre la mente, che colora e influenza la nostra visione delle cose e cerca di manipolare le situazioni a proprio vantaggio.

Per esempio, se siamo abbastanza fortunati da ascoltare Amma quando sta dando dei consigli a qualcuno, potremmo pensare: "Ad ogni modo Amma non parlava con me, si stava rivolgendo a quella persona. Questo consiglio è solo per lei". La mente non vuole essere disciplinata e travisa le situazioni in cerca di una facile scappatoia.

È praticamente impossibile liberarsi dall'ego ma, se ci riuscissimo, riconosceremmo il volto del Divino risplendere in ogni esperienza della vita e potremmo incarnare l'abbandono perfetto che vediamo in Amma e che ci attrae così tanto verso di lei.

Amma accetta sempre il flusso della vita con tutti i suoi piccoli e spiacevoli imprevisti. Come un fiume, trova il modo di girare attorno alle difficoltà con grazia e leggerezza, perché sa che le rocce o altri ostacoli fanno parte del fiume sacro della vita.

Durante i suoi tour in Occidente, quando ci sono più occasioni per stare accanto ad Amma, dimentico a volte che è onnisciente e cerco di insegnarle come vivere nel mondo. Ad esempio, quando siamo in aereo e le siedo accanto, può comportarsi in modo insolito come prendere un panino, staccarne un pezzetto, intingerlo in un bicchiere d'acqua e mangiarlo. Oppure aprire il vasetto di margarina o di burro e mangiarne un pochino con il cucchiaio.

In questi casi, spesso intervengo dicendo, per esempio: "Amma, sai come facciamo noi? Prendiamo il pane in questo modo, ci spalmiamo il burro e poi lo mangiamo così. In Occidente si fa così, Amma".

Con entusiasmo, lei risponde: "Oh, davvero?", come se le avessi fornito un'informazione molto importante. Mi ascolta sempre con pazienza e umiltà mentre cerco di insegnarle qualcosa del mondo.

Una volta prese un cioccolatino e con un coltellino da burro ne tagliò la cima e poi spalmò sul pane il ripieno, proprio come le avevo insegnato… più o meno.

Un giorno, mentre eravamo in aeroporto, qualcuno donò ad Amma un pacchettino. Quando fummo sull'aereo, Amma lo aprì e vide che c'era un panino. Ne prese un pezzetto e cominciò a mangiarlo. Ne offrì un po' a me e a un'altra persona seduta a fianco e ci disse: "È un panino di tapioca".

Dopo averlo assaggiato, l'altra persona obiettò, dicendo che non era tapioca ma formaggio. Amma insistette dicendo: "È tapioca!" In effetti aveva il sapore della tapioca del Kerala. Ancora una volta l'altra persona affermò che non lo era.

All'improvviso mi ricordai della classica storia di Arjuna e Sri Krishna. Sri Krishna e il suo amato discepolo Arjuna stavano camminando nella foresta quando Sri Krishna vide un uccello su un albero. "Arjuna, guarda quel bellissimo uccello su quell'albero. Mi domando a quale specie appartenga. Credo che sia un gufo, cosa ne pensi?"

Senza guardarlo una seconda volta, Arjuna rispose: "Sì, mio Signore, è vero, è un gufo".

Sri Krishna si fermò un attimo a pensare e poi si corresse: "Non può essere un gufo. Il gufo esce solo la notte. Deve essere un falco, non credi Arjuna?"

Di nuovo il discepolo, senza nemmeno guardare una seconda volta, esclamò: "Sì, hai ragione, è un falco". Sri Krishna cambiò parere ancora un paio di volte e assegnò l'uccello ad altre specie. Arjuna non lo contraddisse mai, ma concordò con lui ogni volta.

Alla fine Sri Krishna chiese: "Arjuna, non hai una tua opinione? Perché mi dai sempre ragione?"

"Mio Signore, ti do ragione perché so che hai il potere di cambiare un gufo in un falco e persino un'aquila in un cigno. Tutto è un Tuo gioco Divino" rispose Arjuna.

Ricordando all'altra persona questa storia, esclamai: "Se Amma dice che è tapioca, allora è un panino di tapioca!"

Potremmo cercare di discutere con Amma, non volendoci abbandonare a lei, ma questa non è una buona idea. Alcune persone controbattono alle sue affermazioni, dicendo: "No, Amma, non è così, ma cosà...". Con pazienza, lei le ascolta parlare mentre continuano a insistere finché infine sarà Amma a cedere.

Amma porta l'esempio di due camion, uno di fronte all'altro, sulla stessa carreggiata. Se cercano di avanzare entrambi e nessuno è disposto a fare retromarcia e dare la precedenza all'altro, rimarranno tutti e due bloccati. Uno deve indietreggiare affinché entrambi possano procedere.

Se volete avere l'ultima parola, Amma è completamente disposta a darvela vinta. Lo ha detto in moltissime occasioni. "Non mi importa perdere con te". Il problema è che se Amma perde, chi ha vinto veramente? Non certamente noi.

Se vogliamo lottare contro il Guru, alla fine saremo noi a rimetterci. Abbandonarsi al Guru è la vittoria maggiore: non abbiamo nulla da perdere, se non le nostre tendenze negative e tutte le impurità interiori che ci portiamo appresso.

Amma non ha nulla da perdere, vive in un mondo dove nulla la può turbare. Siamo noi che soffriamo per la terribile confusione che regna nella nostra mente. Dovremmo essere pronti ad ammettere la sconfitta e, con la Sua grazia, allentare la morsa dell'ego e liberarci dalle catene che ci imprigionano. Solo allora saremo i veri vincitori.

Capitolo 6

Tutto è divino

"Tutte le avversità che ho incontrato nella vita, tutti i guai, mi hanno rafforzato... Forse non te ne renderai conto quando ti accade, ma un calcio nei denti può essere la cosa migliore del mondo per te".

— Walt Disney

Imparare ad abbandonarsi è una delle cose più difficili nella vita. Non dovrebbe esserlo, ma in realtà spesso lo è.

L'abbandono vero e completo è un processo molto, molto profondo, che la maggior parte di noi può solo sperare di completare un giorno. Fortunatamente, con Amma troviamo molti motivi che ci spingono ad abbandonarci, più di quanti potremmo trovare in altre parti del mondo. Tuttavia, se non impariamo a farlo ora, non importa. Continueremo a tornare su questa terra finché non ci riusciremo!

Come nostra ancora di salvezza, Amma ha promesso di rinascere più volte per condurci alla meta, a realizzare Dio. Senza dubbio lei manterrà questa promessa. Se cerchiamo di abbandonarci nelle apparentemente piccole cose di ogni giorno, avremo almeno fatto un buon esercizio. Tutto quello che possiamo fare è sforzarci di fare del nostro meglio.

Viaggiare con Amma in India rappresenta una grande opportunità per esercitare l'arte dell'abbandono. Sentiremo spesso frasi come: "Salite in macchina… scendete dalla macchina…", oppure "salite sull'autobus… scendete dall'autobus…" E questo può ripetersi cinque o sei volte ancora prima di partire! A quel punto, in genere, la gente si chiede cosa stia succedendo; ma a volte è bene ubbidire e avere fiducia che c'è qualcun altro che sa veramente cosa sta accadendo.

Quando le persone vengono in India per la prima volta, sono solite domandarsi il perché di ogni cosa: "Salite sull'autobus". "Perché?" "Scendete dall'autobus". "Perché?" Naturalmente nessuno vi darà una risposta logica, anche se ce n'è sempre una. Quindi, perché non smettere di chiedere? Da qualche parte, anche se non lo vediamo, c'è un buon motivo. Davvero.

Esiste una valida ragione dietro ogni cosa, nonostante occorra del tempo per comprendere perché le cose accadono come accadono. A volte è semplicemente l'Amato Divino che ci mette alla prova per vedere quanta fede e quanto abbandono abbiamo.

Un devoto mi raccontò la sua esperienza durante il tour che toccava Singapore, Malesia, l'Isola della Réunion, le Mauritius e il Kenya. Avevamo affettuosamente soprannominato questo viaggio il "tour traumatico dei tropici" per l'onnipresente calura e umidità. Quando tornammo in India, ritrovammo lo stesso clima torrido e umido. Sembrava che non fosse possibile sfuggire al caldo. Bruciavamo internamente ed esternamente.

Questo devoto voleva sfuggire al caldo e all'atmosfera carica del tour tornando all'ashram. Amritapuri sembrava un'oasi nel deserto. L'uomo era esausto per le temperature costantemente alte, l'intensità dei programmi e i viaggi interminabili. Tutto ciò che desiderava era ritornare all'ashram, chiudersi in camera, rilassarsi sotto il ventilatore e stare in santa pace, lontano da tutto e da tutti.

Venne a sapere che un autobus sarebbe tornato ad Amritapuri proprio prima della fine del programma di Cochin. Era elettrizzato all'idea di interrompere il viaggio ed evitare lo snervante tour dell'India del Sud.

Alle prime ore del mattino prese il suo bagaglio, si avvicinò all'autobus e chiese all'autista: "Amritapuri?" L'autista fece un cenno col capo. Il devoto, esausto, salì e si addormentò quasi subito. Probabilmente il guidatore non aveva ben capito la domanda dell'uomo (o forse quest'ultimo aveva frainteso il cenno dell'autista). Quando, dopo qualche ora il devoto si svegliò intontito, vide che era a Palakkad... la tappa successiva del tour. Sebbene sconcertato, deluso e alquanto contrariato, capì infine che tutto questo faceva parte del piano divino al quale doveva abbandonarsi.

A volte, quando vogliamo fuggire da una situazione e ci sforziamo di farlo, scopriamo di non riuscirci affatto. Il nostro destino ci segue ovunque andiamo. A un certo punto tutti noi dobbiamo imparare ad arrenderci. Perché non iniziare adesso?

Quell'uomo capì che ciò che era accaduto gli stava insegnando una lezione importante e accettò con grazia di fluire con quella situazione. Completò tutto il tour, che durò un mese intero, perché si rese conto che era la cosa migliore per lui.

Dio avrà sempre l'ultima parola, indipendentemente da ciò che abbiamo pianificato e deciso. In un modo o nell'altro, le persone e i fatti della vita si alleano per costringerci ad arrenderci al Volere divino. Se non subito, la situazione a cui abbiamo cercato di sfuggire si ripresenterà più tardi, lungo il cammino. E continuerà a farlo finché non impareremo ad affrontare le nostre sfide con il giusto atteggiamento e ad accettare le conseguenze delle nostre azioni.

Quando abbiamo l'impressione che ogni cosa sia contro di noi e la vita ci voglia forzare a imboccare una direzione che non ci piace, dovremmo capire che siamo stati messi con le spalle al muro per imparare una lezione importante. Se ci rifiutiamo, la stessa situazione ritornerà molte volte sotto forme diverse. Non c'è via di scampo.

Qualche anno fa Amma desiderava che sua madre (Damayanti Amma), una donna oramai molto anziana, abitasse più vicina a lei, così da poterla assistere più facilmente.

Una notte, mentre tornavamo dai *bhajan*, Amma si volse verso di me e mi disse: "Non avresti un'altra stanza dove custodire ciò che usi quando lavori?" (Usavo la stanza proprio sotto la casa di Amma come ripostiglio.)

"No" risposi. Avevo solo quel ripostiglio che, casualmente, era stata la prima sala di meditazione dell'ashram.

Amma chiese di nuovo: "Non avresti un altro posto in cui custodire le tue cose, nessun altro luogo dove riporle?"

Non capivo perché me lo chiedesse una seconda volta e, senza pensarci, dissi di nuovo: "No, Amma, non ce l'ho".

Con pazienza Amma tentò di nuovo e mi pose la stessa domanda ancora una volta. Suppongo che pensasse che, se me l'avesse chiesto una terza volta, probabilmente avrebbe avuto più fortuna e io sarei stata abbastanza sveglia da capire cosa mi volesse dire (ma sfortunatamente non fu così).

Alla fine, mi spiegò che pensava di adibire questo vano a una stanza in cui sua madre potesse vivere. Ero un po' imbarazzata per non averlo capito prima e averla costretta a ripetere la stessa domanda per tre volte prima di acconsentire.

Quando compresi il motivo, risposi immediatamente: "Certo, Amma, naturalmente puoi avere il ripostiglio. Troverò un altro posto dove mettere le cose. Ho solo bisogno di un paio di giorni per spostare tutto". Amma non disse nulla.

Più tardi, quella notte, qualcuno venne ad avvisarmi che dovevo svuotare il ripostiglio entro le otto del mattino seguente perché Amma desiderava che ci abitasse sua madre e occorreva ristrutturare la stanza.

Mi sentii molto a disagio all'idea che, senza volerlo, la resistenza ad abbandonarmi mi aveva impedito di capire la situazione. Amma aveva dovuto chiedermelo tre volte prima che ne afferrassi il senso e accogliessi la sua richiesta.

Se amiamo Amma, dobbiamo cercare di abbandonarci a lei; anche se non ci riusciamo sino in fondo, sforzarci è già sufficiente. Di per sé, desiderare di abbandonarsi ci porterà dei benefici: trasformerà i nostri schemi di pensiero e la grazia comincerà a fluire verso di noi. So che è così perché l'ho sperimentato nella mia vita.

Quando dobbiamo affrontare una situazione piuttosto impegnativa, può essere molto difficile abbandonarci. Sebbene non sia facile, ricordiamoci che riceviamo sempre ciò di cui abbiamo bisogno e che ciò che accade è sempre quello che è meglio per noi.

Amma conosce le nostre necessità, sa come aiutarci per raggiungere la meta. Non dubitiamone. Tuttavia, quando le nere nubi del dolore e della confusione oscurano la luce del discernimento, potrebbe non essere sempre facile per noi ricordare questa verità.

Bhishma è un personaggio dell'epopea del Mahabharata, un valente guerriero che aveva vissuto virtuosamente e nobilmente. Quando giunse alla fine dei suoi giorni, mentre giaceva morente sul campo di battaglia, Sri Krishna creò per lui un letto di frecce che lo sorreggesse.

Con lo sguardo rivolto al cielo, Bhishma si chiese: "Perché devo soffrire così? Ho sempre cercato di comportarmi in modo virtuoso e puro". Ripensando a tutte le sue esistenze passate, cercava di capire cosa avesse commesso per meritare tutta quella sofferenza.

"Sono risalito a settantatré vite passate, sforzandomi di scoprire il motivo di questa pena e non ho trovato nulla che possa giustificare così tanto dolore" esclamò Bhisma. Non riusciva a comprendere la ragione di quell'atroce sofferenza, avendo vissuto onorevolmente e piamente.

Con garbo, Sri Krishna rispose: "Se risali a una vita antecedente le settantatré nascite, se rivedi la settantaquattresima, ti accorgerai che un giorno, mentre cacciavi nella foresta hai ferito crudelmente un insetto e lo hai sezionato. Senza motivo, una creatura innocente ha sofferto a causa tua. Ecco perché anche tu devi soffrire, anche se dopo così tante nascite. Puoi esaurire ciò che resta del tuo karma (legge di causa ed effetto) solo se sarai stato trafitto dalle frecce sulle quali giaci".

Non possiamo comprendere le complesse leggi del karma. Dal nostro punto di vista limitato, la nostra sofferenza può sembrare incomprensibile, ma è importante che capiamo che non ci sono errori nella vita. Ogni nostra azione provoca una reazione. Ogni cosa che ci accade è conforme al complesso e sempre perfetto Disegno cosmico.

Ciò che è destinato ad accaderci avverrà, indipendentemente dalle nostre reazioni drammatiche o da quanto pesteremo i piedi per terra, urleremo, grideremo o malediremo. Qualunque cosa sia, dobbiamo accettare ciò che ci accade, non abbiamo scelta. Invece di lamentarci, perché non sperimentare la pace che nasce dall'abbandono e accettare tutto con grazia?

Capitolo 7

La forza di un leone

"Fingi di essere la persona che vorresti essere.
Un giorno scoprirai che non stai più fingendo".

— *Autore ignoto*

Qualcuno mi chiese una volta: "Quando devo abbandonarmi e quando devo comportarmi come un leone? Un leone può arrendersi senza diventare una pecora?"

Amma afferma che noi siamo leoni, non pecore. Tuttavia, quando intorno a noi si odono feroci ruggiti, voci gentili simili al belato di una pecorella potrebbero sembrare un piacevole cambiamento. Amma però ci esorta a essere coraggiosi. In verità, ci vuole la forza di un leone per abbandonarsi in ogni circostanza. Sono certa che possiamo diventare leoni coraggiosi e compassionevoli, capaci di discernere.

Amma ci dice sempre: "Voi non siete agnellini, ma cuccioli di leone. Dentro di voi c'è un potenziale infinito ancora inesplorato!" Nonostante non si stanchi di ricordarcelo, ci rifiutiamo di credere fino in fondo alle sue parole. Ovunque andiamo, dentro di noi c'è una fonte inesauribile di energia e di forza. Questa forza è sfuggente e spesso abbiamo grande difficoltà a entrare in contatto con essa, ma questo non significa che non esista. La forza è la nostra vera natura. Ponderiamo su questa verità e cerchiamo di assimilarla.

Al di là di quante situazioni difficili possano sorgere nella vita, non dobbiamo arrenderci quando siamo messi a dura prova, ma sforzarci di andare avanti. Questa vita presenterà sempre delle sfide e noi siamo proprio qui per affrontarle. La vita spirituale non è per i deboli di cuore, dobbiamo diventare guerrieri spirituali coraggiosi.

Quando sento Amma ricordarcelo, penso: "Oh no, ho sbagliato strada!" In qualche modo, però, con la grazia riesco sempre a gestire la situazione. Amma ci dà sempre la forza di cui abbiamo bisogno, se preghiamo per averla. Ci sono vari modi per coltivare questa qualità: la forza può mostrarsi come una presenza pacata che ci sta accanto, in ascolto. Di solito, una presenza calma e tranquilla è più forte e più coraggiosa di tutte le voci aggressive che gridano e rumoreggiano intorno a noi. Impariamo a essere veramente noi stessi e non guardiamo le persone che ci circondano, invidiandole. Quando siamo noi stessi, brilliamo in tutta la nostra luce e ispiriamo anche gli altri a brillare nella loro unicità.

Un mattino, un re si recò nel suo giardino e vide che tutte le piante erano avvizzite e stavano morendo. Vicino all'entrata c'era una vecchia quercia. Il re le chiese cosa stesse succedendo e l'albero gli spiegò che era stanco di vivere e desiderava morire perché non era alto e bello come l'albero del pino. A sua volta, però, il pino era avvilito perché non poteva produrre dei grappoli d'uva come la vite, mentre la vite desiderava inaridire e poi morire perché non riusciva a stare dritta e a dare gli stessi frutti del pesco. Persino tra i fiori, il geranio era rammaricato di non essere alto e profumato come il giglio e così via.

Avvicinandosi a una margheritina, il re fu piacevolmente sorpreso nel vedere il suo viso radioso rivolto verso l'alto, sorridente come sempre. "Brava margheritina, in mezzo a tanto sconforto sono felice di avere trovato almeno un fiorellino coraggioso. Non mi sembra che tu ti sia persa d'animo".

La margherita rispose: "Anche se non sono molto importante, mi sento felice perché so che se tu avessi desiderato una quercia, un pino, un pesco o un giglio al mio posto, ne avresti sicuramente piantato uno. So invece che desideravi una margherita e quindi voglio essere la margherita migliore che posso".

Dobbiamo imparare a essere chi siamo veramente, al meglio delle nostre possibilità. Amma ci sprona continuamente a far fronte al nostro destino e ci ricorda che sarà la fiducia in noi stessi, la fiducia nel nostro vero Sé, a sostenerci. La fiducia in se stessi è il filtro che rimuove ogni paura.

Questa emozione è molto difficile da controllare perché sorge spontaneamente. Pur usando il discernimento e affermando: "Non c'è nulla di cui temere", potremmo comunque provare paura. In tal caso, inspiriamo profondamente, facciamo appello alla fiducia in noi stessi e andiamo avanti. Con la pratica, scopriremo di essere in grado di superare ogni situazione.

Anche ad Amma è capitato che le si secchi la bocca quando deve tenere un discorso importante, nonostante non abbia timore di nulla. Qualche anno fa, dopo l'uscita del film *Darshan*, Amma fu invitata a Parigi alla cerimonia di premiazione in cui avrebbe dovuto pronunciare un discorso. Proprio poco prima di iniziare, le si seccò un po' la bocca. Allarmata, Sharon Stone, un'attrice americana che avrebbe presentato la serata, decise di andare a prendere una bottiglia d'acqua per Amma, la quale invece non era per nulla preoccupata.

In quel momento io non ero accanto ad Amma, ma in fondo alla sala a tradurre il suo discorso in inglese. Credo che avessero versato l'acqua in una bottiglia di soda e ci avessero inserito una cannuccia. Quelli di noi che conoscono un poco le abitudini di Amma sanno che non beve mai con la cannuccia ma, con nostra sorpresa, lei prese la bottiglia e bevve proprio con la cannuccia. Divertito, il pubblico applaudì.

Alzai lo sguardo dal testo che stavo traducendo e pensai: "Oh no, cosa sta succedendo?

Amma non interrompe mai un discorso per bere!" Questa volta però l'aveva fatto perché era la cosa giusta da fare in quel momento. Avevano offerto ad Amma una bevanda e per la gioia di tutti lei l'aveva cortesemente accettata. Più tardi, mentre stavano revisionando il video del discorso, gli operatori esclusero questa scena. Quando mostrarono il video ad Amma, lei domandò: "Dov'è il pezzo in cui sto bevendo? Rimettetelo". Eravamo molto sorpresi che avesse chiesto di aggiungere quella scena che non l'aveva assolutamente messa in imbarazzo; aveva tratto il meglio da quella situazione insolita e ne aveva riso con tutti.

Spesso abbiamo così tanto timore perché pensiamo che gli altri ci biasimeranno o ci giudicheranno, ma Amma ci ricorda che "tutti noi siamo perle unite su uno stesso filo". La paura e l'imbarazzo sono semplici componenti dell'ego che sorgono spontaneamente. Essendo sempre presenti in modo sottile, è difficile eliminarli completamente. Dobbiamo quindi avere coraggio, procedere decisi e affrontare ogni situazione con forza. Il dolore è inevitabile, ma soffrire dipende esclusivamente da noi: in tutte le situazioni, soffrire è una scelta. Se facciamo la cosa giusta al momento giusto, scopriremo che le sfide della vita si risolvono sempre positivamente.

La maggior parte di noi conosce l'importanza dell'abbandono, ma la nostra mancanza di pazienza ci impedisce di raggiungere quello stato. Se riusciamo a tenere a mente che possiamo imparare molto da ogni situazione e che il cammino verso l'abbandono è un viaggio che dura tutta la vita, raggiungeremo un giorno la meta.

Sforziamoci di vedere ogni avvenimento, anche piccolo, come una prova inviataci dal Guru o dal Divino per insegnarci qualcosa di importante. A volte Amma l'ha ammesso apertamente. "Vi metto alla prova in ogni situazione" ha detto. Se credessimo davvero nelle sue parole, sarebbe molto più facile arrendersi e non avremmo mai paura, vedremmo ogni cosa correttamente, sotto una luce positiva, e le nostre azioni sarebbero radicate nella consapevolezza.

Durante il tour europeo di qualche anno fa, c'erano due ragazzini a cui piaceva stare accanto al medico del gruppo come "tirocinanti" quando riceveva le persone indisposte. I ragazzini eseguivano tutto ciò che il dottore chiedeva loro e giravano spesso indossando lo stetoscopio e ascoltando il battito cardiaco. Un giorno andò dal medico una devota. Non appena entrò, uno dei fanciulli le offrì una pastiglia. Infastidita, la donna lo rimproverò dicendo: "No, non puoi farlo, non puoi dare delle medicine in questo modo!" Più tardi si scoprì che ciò che le aveva dato il bambino era proprio il farmaco di cui aveva bisogno.

La maggior parte di noi trova sempre un motivo per lamentarsi. Troppo spesso ascoltiamo la voce negativa della mente che, in effetti, è sovente la nostra consigliera più fidata! Se imparassimo ad abbandonarci, saremmo in grado di vedere che tutto proviene da Dio. Un tale atteggiamento ci porterebbe sicuramente alla meta. (Per quanto l'abbandono sia essenziale, non è tuttavia consigliabile accettare indicazioni mediche da dei bambini che non hanno nessuna conoscenza medica.)

Sembra davvero strano che per noi l'abbandono debba essere così difficile perché, quando siamo in grado di praticarlo, ci dà un senso di benessere. Quando riusciamo a lasciar andare la presa e ad accettare con gioia ciò che ci accade, avvertiamo una pace celestiale.

Tutto quanto sperimentiamo nella vita è un messaggio che proviene dal nostro Amato, è la grazia venuta a disperdere le nostre negatività. Occorre tuttavia una grande consapevolezza per continuare ad abbandonarsi nei momenti difficili. Accettare qualsiasi cosa accada, con il giusto atteggiamento, ci condurrà sulla soglia della realizzazione di Dio.

Capitolo 8

Il tesoro più grande della vita

"Se siete depressi, vivete nel passato.
Se siete ansiosi, vivete nel futuro.
Se siete in pace, vivete nel presente."

– Lao Tzu

Non dovrebbe essere così difficile scegliere di essere felici. Perché quindi non ci riusciamo? Non dobbiamo fare altro che accettare ciò che accade con gratitudine e modificare il nostro atteggiamento. Se riuscissimo ad accettare sinceramente gli ostacoli, invece di aspettare che sia il mondo a dover fare delle acrobazie per soddisfare i nostri desideri, scopriremmo facilmente quella felicità che spesso ci sfugge.

Due premiate tenniste stavano parlando tra loro. Una di loro stava condividendo con l'altra la lezione più importante che aveva appreso. Un giorno, mentre si lamentava di come le palline da tennis rimbalzassero male sul campo, un suo amico - anch'egli primatista - esclamò: "Soffermarsi su ciò che è negativo non migliorerà il rimbalzo della pallina; i campioni, semplicemente, si adeguano".

Diventare un fuoriclasse richiede un enorme sforzo personale, perseveranza e disciplina. Quando impareremo a trarre il meglio dalle vicissitudini della vita, diventeremo anche noi i fuoriclasse che vorremmo essere. Tuttavia, la maggior parte di noi non è ancora pronta a impegnarsi e a sottoporsi alla disciplina necessaria per riuscire a controllare i pensieri, le emozioni e le azioni. In teoria, non dobbiamo fare altro che adattarci il più possibile alle situazioni e scegliere di essere contenti, indipendentemente da... sembra facile, no? Qualcuno chiese ad Amma: "Amma, perché non trasformi il *Kali yuga* (l'era del vizio) in *Satya yuga* (l'era d'oro)?"

Amma rispose: "Non è un'impresa facile. La cosa migliore è che ognuno attui i propri cambiamenti. È preferibile indossare le scarpe invece di tentare di ricoprire con un tappeto tutto il mondo". Le nostre vite saranno sempre irte di ostacoli; è meglio accettare questo fatto, ingoiare il nostro ego e scegliere di essere comunque felici. Se ricordassimo che ciò che sperimentiamo nella vita è una benedizione, per quanto a volte assuma aspetti sgradevoli e orribili, tutto sarebbe molto più facile. Amma è disponibile ad aiutarci nelle difficoltà, a condividere perle di saggezza e a guidarci attraverso i misteri della vita. Sottoponendo a un intenso logorio il suo corpo, offre praticamente ogni giorno il suo *darshan* per prendersi cura di chiunque vada da lei. Amma cerca di fare in modo che chi ne abbia davvero bisogno trascorra del tempo accanto a lei, anche quando migliaia di persone stanno reclamando la sua attenzione. Amma sacrifica se stessa incessantemente per elevarci, ma noi possiamo in tutta onestà affermare di utilizzare al meglio ciò che ci offre?

Un'anziana signora originaria dell'India del Nord andò da Amma per chiederle di guarire i due figli sordi. Amma ripose che avrebbe pregato per loro e le donò due piccole banane come *prasad*. La donna si rifiutò di mangiarle perché non le piacevano le banane. Aveva implorato la guarigione dei suoi famigliari, ma poi aveva rifiutato la benedizione di Amma. Avanziamo tante richieste senza però ascoltare le risposte, rifiutando di accogliere con umiltà le indicazioni che ci vengono offerte. Dovremmo cercare di integrare gli insegnamenti di Amma nelle nostre vite. Tutti vogliono ascoltare le parole di Amma, poterle stare vicini e toccarla, ma quanti di noi desiderano davvero seguire i suoi insegnamenti? Se abbiamo questo desiderio, impegniamoci a mettere in pratica ciò che lei insegna.

Recentemente, durante un programma a Chennai, sul palco si sparse uno spaventoso lezzo proveniente dai bagni degli uomini, trasportato dalla brezza pomeridiana. Alcuni accesero dei bastoncini d'incenso per coprirlo. Mi chiesi se qualcuno avesse pensato di andare a *pulire* i bagni invece di cercare di mascherarlo.

Riflettendo su quanto accaduto, pensai che, in effetti, il veloce rimedio scelto da quei devoti era un'ottima analogia di come conduciamo la nostra vita: spargiamo del profumo sulle cose, invece di pulire e di purificarci interiormente. Laviamo e applichiamo dei peeling al corpo, usiamo deodoranti e profumi in modo che nessuno scopra la nostra vera natura. Ci muoviamo con tantissime impurità nel corpo e nella mente, che nel frattempo invecchiano e si decompongono, pensando erroneamente di aver ingannato tutti, Dio compreso.

Amma ci offre ogni cosa: tutta la conoscenza, la grazia, la beatitudine e l'amore di cui abbiamo bisogno. Con il suo comportamento, ci mostra concretamente come dovremmo vivere; è necessario però accogliere correttamente questi doni per poterne beneficiare e cominciare ad attuare gli insegnamenti. Non limitiamoci a immagazzinare informazioni: quello che conosciamo va messo in pratica.

Mentre attraversava un periodo molto difficile della sua vita, il reverendo Crystal Boyd scrisse un bellissimo testo. Attraverso una email, inviò parole ispiranti ai suoi amici che, profondamente toccati dal suo messaggio, lo inviarono ad altri, sino a raggiungere milioni di vite in tutto il mondo. Ecco cosa scrisse:

"La vostra vita sarà sempre colma di sfide. È meglio che accettiate questo fatto e siate comunque felici. Questa citazione di Alfred D. Souza è una delle mie preferite: 'Per molto tempo ho avuto la sensazione che la vita stesse per iniziare - la vita vera. C'era sempre però qualche ostacolo sulla via, qualcosa da superare, qualche faccenda da terminare o un debito da pagare. Poi la vita sarebbe iniziata. Alla fine mi resi conto che quegli ostacoli erano la mia vita'.

Questo modo di vedere le cose mi ha aiutato a capire che non c'è una via che porti alla felicità. La felicità è la via. Così, fate tesoro di ogni istante che avete e apprezzatelo ancora di più perché l'avete condiviso con qualcuno di speciale, abbastanza speciale da trascorrere del tempo con lui…, e ricordate che il tempo non aspetta nessuno.

Così, non aspettate di finire la scuola, di tornare a scuola, di perdere cinque chili, di guadagnare cinque chili, di avere dei figli, di vederli andare via di casa, d'iniziare a lavorare, di andare in pensione, di sposarvi, di divorziare; non aspettate che arrivi il venerdì sera, la domenica mattina, la macchina o la casa nuova, che le abbiate pagate entrambi, che giunga la primavera, l'estate, l'autunno, l'inverno, che guadagniate bene, che arrivi il primo o il quindici del mese, che la vostra canzone abbia successo; non aspettate di poter bere, di riprendervi da una sbornia, di morire, di rinascere… per decidere che il momento migliore per essere felici è proprio ora.

La felicità è un viaggio, non una meta".

Ogni volta che qualcuno offre ad Amma una pianta o un ortaggio che ha coltivato, lei si illumina entusiasta. Qualcuno potrebbe guardare questa piantina e pensare cinicamente: "È solo una pianta", ma Amma sa che la gioia è strettamente connessa al modo in cui usiamo la mente. È felice nel notare i sentimenti di amore e di rispetto che hanno ispirato la persona a impegnarsi a coltivare una pianta o un ortaggio. Anche se qualcuno ha soltanto acquistato una pianta da regalare ad Amma, lei riconosce l'amore con il quale il dono è stato offerto.

Amma ha un atteggiamento entusiasta e positivo verso tutto, è l'esempio perfetto di come accogliere ogni cosa nella vita. Anche un semplice ortaggio. Tutto può trasmetterci gioia, se lo guardiamo con il giusto atteggiamento.

Dovremmo ricordare che ciò che sperimentiamo è la volontà di Dio e Dio è solo amore. È sufficiente "guardare con gli occhi dell'amore" per accorgersi della vera natura delle cose; ogni piccola patata, pomodoro o foglia di spinacio manifesta in tutta la sua gloria l'amore di Dio. Amma vede il mondo in questo modo e ci mostra come fare altrettanto.

Ecco una splendida citazione di Melody Beattie su cui riflettere: "La gratitudine rende manifesta la pienezza della vita, trasforma ciò che già abbiamo in ciò che è abbastanza e anche in sovrappiù. Trasforma il rifiuto in accettazione, il caos in ordine, la confusione in chiarezza. Può trasformare un pasto in una festa, una casa in una famiglia, uno straniero in un amico. La gratitudine dà senso al nostro passato, porta pace all'oggi e crea una visione per il domani".

Quando viaggiamo con Amma incontriamo persone straordinariamente ricche, che possiedono milioni di dollari e rivestono posizioni di grande prestigio: eppure, non sono mai felici. Sembra invece che i più felici siano spesso quelli che non hanno molti beni materiali. Il più delle volte sono quelli che possiedono enormi somme di denaro in banca ad avere le ferite più profonde prodotte dal dolore e da un sentimento di vuoto interiore. Le persone che sono contente con poco sono per noi un ottimo esempio.

Una vedova che viveva in un villaggio lontano faceva regolarmente visita ad Amma. Aveva due bambini che cresceva da sola. Possedeva solo una mucca, ma vendendo il suo latte riusciva a sbarcare il lunario. Nonostante gli scarsi guadagni, cercava di andare ogni due settimane all'ashram assieme ai figli. Si è sempre mostrata soddisfatta, sin da quando Amma la conosce, e non si è mai lamentata della sua situazione con Amma. Tutti loro sono sempre contenti.

È sconcertante il divario tra ciò che possiedono i ricchi e quello che possiedono i poveri. Il vero valore della vita non si misura in base al denaro acquisito, ma in base alla pace che avvertiamo nella mente e alla gioia che sentiamo nel cuore. La vera felicità nasce da come gestiamo la mente. Una mente calma e felice è la nostra unica e vera ricchezza.

Per diventare grandi maestri della spiritualità occorre imparare a gestire correttamente la mente. Se impareremo a controllare i pensieri e a modificare il nostro atteggiamento quando viviamo periodi difficili, distogliendo la mente dalle negatività per elevarla e dirigerla sulla via della pace, diventeremo dei veri maestri e vivremo nella beatitudine e nella libertà. Essere capaci di sorridere quando portiamo il fardello dei problemi sulle spalle è la più grande benedizione e il tesoro più prezioso della vita.

Capitolo 9

Portare i propri fardelli

L'apostolo Paolo, privato di ogni comodità, scrisse queste parole mentre era in prigione: "Ho imparato ad essere contento dello stato in cui mi trovo".

– Filippesi 4:11

Tutti, in un modo o nell'altro, sperimentano la sofferenza. Alcuni sono afflitti solo da piccoli fastidi o sofferenze superficiali, mentre altri portano il peso del dolore per tutta la vita. Solo quando impariamo a controllare i nostri pensieri e le nostre emozioni e ci sforziamo di vivere per un ideale superiore, potremo realizzare lo scopo della vita.

Alcuni di noi hanno handicap fisici, ma Amma dice che il nostro vero handicap è la mente. Se riuscissimo a imparare a pacificare i pensieri e le emozioni, saremmo liberi dal dolore.

Molte persone scelgono inconsapevolmente di portare i loro fardelli perché ignorano persino le tecniche più semplici di controllo della mente e non hanno nessun ideale o scopo preciso per cui lottare. Contrariamente al detto "beata ignoranza", l'ignoranza è la causa di indicibili sofferenze.

Un giorno ho visto un bel fumetto che illustrava un concetto importante. Mostrava un gruppo di persone che camminavano con delle grandi croci di legno sulle spalle. Una di loro pregava così: "O Signore, questa croce è troppo pesante per me; Ti prego, tagliane un pezzetto, riduci questo peso, non ce la faccio a portarlo". Il Signore acconsentì.

Ripresero a camminare trascinando le croci, ma dopo qualche passo lo stesso uomo esclamò: "O Signore, è ancora troppo pesante per me. Ti prego, tagliane ancora un pezzetto!" Il Signore ne tagliò un altro po' e l'uomo, vacillando, la rimise sulle spalle. Dopo qualche passo, gridò: "Ti supplico, Signore, rendi più leggero il mio fardello!" Per la terza volta il Signore tagliò un pezzetto della croce rendendola molto corta e facile da portare.

Il gruppo giunse infine davanti a un burrone sovrastante una vallata. In effetti, le croci servivano per attraversarlo e arrivare incolumi dall'altra parte. Tutti appoggiarono la croce sull'orlo del dirupo e camminarono sul ponte così creato, ma l'uomo che aveva pregato di ridurre il peso della croce era bloccato perché quella che aveva era troppo corta. Dovette quindi rimanere dov'era, abbandonato a se stesso.

La vita ci presenterà continuamente delle sfide. Dobbiamo usare il nostro discernimento per capire quando accettare ciò che ci accade, sforzandoci di rallegrarci per quello che abbiamo, e quando invece tentare di cambiarlo. Una cosa è certa: non ci sarà mai un momento che non presenti qualche intoppo.

Il teologo Reinhold Niebuhr ha saputo esprimere sapientemente l'atteggiamento da assumere di fronte alle inevitabili sfide della vita con una preghiera, recitata ad ogni riunione dell'associazione Alcolisti Anonimi; questa invocazione ispira milioni di persone che cercano di abbandonare la loro vecchia vita per abbracciarne una nuova, imperniata sulla spiritualità e sul servizio agli altri: "Signore concedimi la serenità di accettare le cose che non posso cambiare, il coraggio di cambiare ciò che posso e la saggezza di comprenderne la differenza".

A volte ci è impossibile capire perché dobbiamo sopportare determinati pesi. Ognuno di noi deve affrontare la sofferenza, sia che si presenti come disturbi fisici o psicologici oppure come difficoltà familiari o economiche.

Qualche anno fa lessi un articolo sul sito dell'ashram (amritapuri.org) che raccontava la vicenda di un uomo sopravvissuto a una violenta alluvione nell'India del Nord. Quando arrivò l'ondata di piena, la sua famiglia cercò rifugio sul tetto della propria abitazione e molti altri abitanti del villaggio, presi dal panico, li raggiunsero. Il peso del gran numero di persone e la forza delle acque fecero crollare l'edificio. La famiglia dell'uomo, la moglie e i figli annegarono mentre tentavano di rimanere aggrappati a lui. Anche tutti i vicini e gli amici morirono, Solo sua sorella sopravvisse.

In preda alla disperazione più nera, l'uomo si rivolse a lei e disse: "Che senso ha per noi vivere ora? Abbiamo perso tutto. Sarebbe meglio bere del veleno e morire". La sorella gli diede un ceffone ed esclamò: "Come osi parlare così! Dio ci ha dato la vita. In qualche modo dobbiamo andare avanti!" Una testimonianza davvero drammatica! Mentre la leggevo, mi scendevano le lacrime. Ebbene, in tutto il mondo vi sono persone che vivono esperienze come questa e non hanno altra scelta che sopportare ogni giorno terribili sofferenze. Viviamo in un mondo pieno di dolore.

Dopo l'alluvione, Amma inviò i suoi rappresentanti ad aiutare i sopravvissuti. L'uomo di cui parlava l'articolo disse che, da quando aveva perso la famiglia, era riuscito per la prima volta a sentire meno dolore e a rilassarsi grazie alle parole rincuoranti dei volontari di Amma. La forza della sorella, il conforto e le cure amorevoli dei volontari lo aiutarono a mantenere l'equilibrio mentale e poté riprendersi dalla sua tragedia famigliare e tornare a sorridere.

Potrebbe sembrare quasi impossibile risalire dagli abissi della disperazione quando la vita ci ha inferto un duro colpo, ma esiste un balsamo magico che cura tutte le ferite: l'amore incondizionato e la gentilezza degli altri, che alleviano il nostro dolore e ci aiutano a risollevarci.

Dobbiamo sforzarci di essere in pace con Dio e trovare la fede per capire che la nostra sofferenza non è una punizione. Dio è puro amore e quindi ci deve essere un altro motivo per le nostre tribolazioni. È necessario ricorrere a tutta la nostra forza per andare avanti, sapendo che un giorno tutto ci sarà chiaro e comprenderemo il perché delle cose. Amma ci ricorda costantemente che in noi c'è un potenziale infinito che ci consente di far fronte a ogni cosa; il problema è che dobbiamo ancora scoprire dove si trova e come evocarlo.

Non ci verrà mai dato un carico che non siamo in grado di portare. È molto difficile rimanere lucidi nelle avversità. Spesso, solo più tardi, quando la nostra mente è limpida e capace di discernere, comprendiamo perché abbiamo dovuto sperimentare quel particolare karma.

Dobbiamo cercare di orientare la nostra sofferenza verso una direzione positiva, che ci permetterà di non cadere nella più profonda afflizione. Se riusciamo a superare la sofferenza e a imparare ciò che ci insegna, potremo aiutare molte persone disperate. È dal seme del dolore che può nascere la saggezza più profonda.

Un uomo aveva perso la moglie. Quando gli amici e la famiglia si recarono da lui per le condoglianze, li accolse con un sorriso dicendo: "Mia moglie si è presa cura di me per tutta la vita, temevo che sarei morto io per primo e l'avrei lasciata sola. Ora lei se n'è andata e io dovrò affrontare la solitudine, ma sono profondamente grato di questo. Ho potuto fare almeno questo per lei".

Quando veniamo allontanati dalla nostra zona di comfort per affrontare il dolore e lo sconforto, possiamo veramente crescere. È proprio allora che scopriamo di essere in grado di realizzare ciò che la vita ci chiede. Amma ci ricorda spesso questa verità, ma noi non le crediamo sino in fondo e raramente ci impegniamo al massimo, sfruttando le nostre potenzialità e capacità.

Dovremmo impegnarci sinceramente a mettere in pratica le sue parole. Finché non lo facciamo, la vita ci porrà di fronte a situazioni difficili, in modo da poter attingere alla nostra forza spirituale nascosta.

Affrontare con un atteggiamento positivo ciò che la vita ci propone, ci permette di estirpare le negatività. Ricordate questa semplice, ma difficile verità: *ogni cosa* è Volontà Divina. Tutto quello che accade, per quanto doloroso, è sempre per il nostro meglio, davvero.

Durante la Seconda Guerra Mondiale l'esercito tedesco razziò molti villaggi, rubando sistematicamente i maiali dalle fattorie per nutrire le proprie truppe. I contadini erano molto preoccupati perché i maiali erano la fonte della loro sopravvivenza. Sgomenti, non sapevano come avrebbero potuto sfamare le proprie famiglie dopo aver perso il principale mezzo di sostentamento. Gli abitanti dei villaggi tornarono nei campi e cominciarono a coltivare più ortaggi e cereali, sperando che i raccolti avrebbero fornito loro cibo a sufficienza per sopravvivere al freddo inverno europeo.

Ironicamente, questa scelta obbligata di eliminare la carne e optare per una dieta vegetariana produsse una significativa riduzione di malattie cardiache tra questi abitanti e la loro salute migliorò. Ciò che riteniamo una sventura si dimostra a volte una benedizione. Solo il tempo e la pazienza ci aiuteranno a capire questa lezione.

Amma racconta spesso la storia di un gruppo di lumache che si dirigeva lentamente verso la foresta. Quando le avvisarono che la foresta era scomparsa e il terreno era diventato desertico e sterile, le lumache risposero con entusiasmo: "Non c'è problema: quando arriveremo, la vegetazione avrà ripreso a crescere e ci sarà di nuovo una foresta rigogliosa!" Come queste lumache, anche noi non dovremmo mai perdere la pazienza e l'entusiasmo. Queste qualità sono rare e pregevoli come l'oro puro. Sono doti preziose da possedere, se riusciamo a coltivarle in questo mondo infelice.

Amma è concentrata sulla gioia e non si sofferma sulla negatività; conosce il passato, il presente e il futuro e comprende pienamente tutte le emozioni in cui siamo invischiati come lo smarrimento, la tristezza, la collera o la depressione. Tuttavia, lei cerca di impedirci di cadere nella trappola che ci spinge a guardare solo il lato negativo delle vita. Amma ci guida costantemente verso il nostro centro, in cui possiamo acquisire maggiore equilibrio e scegliere di volgerci verso la felicità.

Capitolo 10

Coltivare la gratitudine

> *"Se non siamo grati per quello che abbiamo, cosa ci fa credere che saremmo felici se avessimo di più?"*
>
> *– Autore ignoto*

Perché soffermarsi sulle cose negative della vita? Ecco la storia divertente di una piccola zanzara al ritorno dal suo primo volo nel mondo. Il padre le chiese: "Figliola, com'è andata?" La piccola zanzara rispose: "Meravigliosamente, papà. Tutti mi applaudivano!" Questo è il tipo di atteggiamento positivo che ci aiuterà ad affrontare i momenti difficili nella vita.

Per quanto possibile, dovremmo decidere di avere un atteggiamento entusiasta e positivo e, a questo proposito, è fondamentale come gestiamo la mente. La poesia intitolata "Atteggiamento", scritta da un autore ignoto, illustra la visione della vita che dovremmo cercare di sviluppare.

C'era un volta una donna che un mattino si svegliò e, guardandosi allo specchio, notò che aveva solo tre capelli in testa. "Bene" disse. "Oggi penso proprio che mi farò una treccia". Così fece e trascorse una bellissima giornata.

Il giorno seguente, quando si svegliò, guardandosi allo specchio vide che aveva solo due capelli in testa. "Uhm, oggi penso proprio che mi farò la riga in mezzo". Così fece e trascorse una giornata fantastica.

Il giorno seguente, quando si svegliò, guardandosi allo specchio, notò che aveva solo un capello in testa. "Bene" disse. "Oggi ho deciso che mi farò una bella coda di cavallo". Così fece e trascorse una giornata in cui si divertì tantissimo.

Il giorno seguente, quando si svegliò, guardandosi allo specchio, notò che non aveva nemmeno un capello in testa. "Evviva!" esclamò. "Oggi non dovrò fare niente ai miei capelli!"

Mi riconosco molto bene in questa poesia perché anch'io ho pochi capelli. Ciò che possiamo fare è impegnarci al massimo con il poco che abbiamo nel momento presente.

Con il suo esempio, Amma ci insegna come focalizzarci sulla gioia e sull'accettazione invece che sul dolore. Se osserviamo Amma anche per poco, percepiamo una gioia divina che la attraversa e che da lei fluisce tutto intorno. Amma ha scoperto la sorgente interiore alla quale attingere e ci mostra che anche noi possiamo raggiungere questo stato.

Coloro che hanno una mente affinata e una comprensione spirituale sono in grado di "percepire" la magnificenza di una santa come Amma, mentre altri potrebbero non avere ancora una mente sufficientemente aperta per coglierne la grandezza. La profondità della nostra comprensione dipende da ciò che si è già risvegliato in noi.

A volte sembra che la vita ci riservi momenti molto difficili. Vi sono giorni in cui, ovunque andiamo, tutto pare andare storto, ma dobbiamo lottare quotidianamente contro i nostri demoni per evitare che abbiano il sopravvento. Nei momenti difficili, solo chi ha coraggio può guardare dentro di sé e scegliere quale sia l'azione giusta da compiere.

Spesso può sembrare molto più facile imboccare la via più breve e oscura, quella in cui ci sospingono i nostri demoni, invece di prendere la strada "meno battuta" della rettitudine (*dharma*). Sappiamo quale delle due ci porta al progresso spirituale ma, per qualche motivo, non sempre scegliamo il cammino giusto. Non dobbiamo arrenderci facilmente a ciò che non è retto (*adharma*); dobbiamo diventare indomiti guerrieri spirituali.

Prima di cercare di sconfiggere i nemici esterni che ci assalgono, sarebbe meglio che combattessimo contro i demoni interiori. Le persone non comprendono che sono questi gli avversari da vincere, poiché sono molto più pericolosi di qualsiasi altra cosa.

Ho scoperto che alcune delle più grandi benedizioni della mia vita sono scaturite dalle lotte contro i miei mostri interiori. Una volta che abbiamo imparato a controllare la mente, le cose che ci terrorizzano possono diventare i nostri migliori amici.

L'oscurità può essere tramutata in luce, la debolezza in forza. Per farlo, occorrono lo sforzo personale, un atteggiamento positivo e l'intenzione di voler trasformare gli spaventosi flutti della mente in un fiume di grazia, possente e pacifico.

Quando ci troviamo di fronte a delle difficoltà, ricordiamo l'esortazione di Amma: "Sforzatevi di fare del vostro meglio. Scoprirete che, dopotutto, non era poi così difficile".

Se ci impegniamo e affidiamo il nostro sforzo al Divino, quando osserviamo più da vicino ciò che ci preoccupa, scopriamo che in ogni maledizione si cela sempre una benedizione. Guardando il mondo in quest'ottica, i problemi non sono più i nostri nemici perché sono divenuti i semi della nostra trasformazione.

Il dottor Robert Emmons, dell'Università della California di Davis, e il dottor Michael McCullough dell'Università di Miami, hanno condotto uno studio per valutare come l'atteggiamento influisca sulla qualità della vita.

I due scienziati hanno diviso i partecipanti in tre gruppi ai quali è stato chiesto di tenere un diario sul quale scrivere ogni giorno. Il primo gruppo doveva annotare i piccoli fatti quotidiani, il secondo far riemergere situazioni problematiche e irritanti e il terzo scrivere ciò di cui erano grati.

I risultati furono incoraggianti: al termine dello studio, il gruppo che si era focalizzato sulla gratitudine mostrò livelli di felicità e di benessere significativamente più alti. I suoi componenti avevano più energia, determinazione, prontezza, attenzione ed entusiasmo.

Gli effetti benefici derivati dal provare gratitudine non influivano solo sulla sfera emotiva personale, ma anche sul mondo esterno. La ricerca dimostrò che, a differenza del gruppo che si era concentrato sui fatti o sui problemi, quello focalizzato sulla gratitudine tendeva a perseguire maggiormente i propri obiettivi e a raggiungerli.

Emmons e McCullough scoprirono anche che coltivare la gratitudine *in qualsiasi modo* aveva apportato cambiamenti positivi nei partecipanti. Oltre all'annotare le cose di cui si è grati, altri metodi che avevano registrato gli stessi effetti erano stati la preghiera, la partecipazione a funzioni religiose e lo studio di testi spirituali.

Alcune persone non hanno bisogno di aderire a studi scientifici per praticare la gratitudine. Un giorno, una ragazza resiliente mi ha descritto il gioco che faceva quando era arrabbiata o depressa. Si trovava con un'amica e a turno dicevano una parola che rappresentava qualcosa per cui si sentivano grate.

Ad esempio, la ragazza diceva: "Amma".

"Cielo" rispondeva subito l'amica.

"Pizza". "Seva". "Gelato". Il gioco aveva l'effetto di rimuovere la negatività dalle loro menti irritate e dare una spinta positiva alla loro vita.

Come disse una volta il famoso filosofo Eric Hoffer: "L'aritmetica più difficile da padroneggiare è quella che ci permette di contare le nostre benedizioni". È vero, ma se sviluppiamo la forza mentale per orientare stabilmente i pensieri alla gratitudine, conosceremo la gioia.

Osservandolo attraverso la nostra visione limitata, il mondo apparirà sempre caotico; ma un giorno, quando la nostra visione sarà pura, vedremo e sperimenteremo la gloria che è presente nel mondo e in ogni cosa. Scorgeremo la perfezione ovunque. Attualmente tutto questo ci sfugge perché non siamo ancora riusciti a sintonizzare e ad affinare la nostra visione.

Un uomo cieco riuscì dopo un intervento chirurgico a riacquistare la vista; venne da me e mi disse che non riusciva a credere di quanto il mondo fosse meraviglioso. Era impaziente di scoprire la bellezza in ogni cosa.

Molto spesso ci guardiamo intorno e pensiamo alla cattiveria che c'è nel mondo, mentre quell'uomo notava solo la magnificenza in ciò che lo circondava. Quando cercheremo di vedere il mondo per com'è davvero, una manifestazione dell'amore divino, allora scorgeremo finalmente la bellezza in ogni cosa.

Non dovremmo perdere tempo ed energia soffermandoci sugli avvenimenti terribili che accadono. Amma non vuole che vi rivolgiamo la nostra attenzione perché il farlo toglie forza, e ci esorta invece a sviluppare la compassione. Siamo tenuti ad avere empatia per chi soffre e a soccorrere chi è nel bisogno.

Nel mondo ci sono molte persone in grado di ispirarci. Alcune di loro erano coinvolte in attività pericolose o illegali e in qualche modo hanno trovato la forza di trasformare la propria vita. Molte hanno scelto di ritornare in quelle strade pericolose dalle quali provenivano per aiutare quelli che ancora ci vivono a imprimere una svolta alla loro esistenza e voltare le spalle a un passato di violenza e di crimini. Sebbene abbiano avuto un'esistenza scolpita da dure esperienze, spronano molti altri a migliorare la loro.

Dovremmo usare i talenti e le esperienze acquisiti per andare nel mondo e aiutare gli altri (ed è per questo che Dio ce li ha donati). Facendolo, le nostre amarezze svaniranno e verranno dimenticate.

Amma ripete spesso che anche il più piccolo gesto di gentilezza capace di rendere felice qualcuno ha grande valore ed è un atto che tutti possono compiere. Solo questo momento è nelle nostre mani; cerchiamo quindi di fare del bene ora.

Su tutta la Terra, le persone stanno prendendo coscienza della necessità di prendersi cura di Madre Natura e di tutti i nostri fratelli e sorelle di questo pianeta. Le vibrazioni positive di queste persone che hanno una mentalità spirituale avranno sicuramente un effetto benefico su questo mondo sofferente.

Se pensiamo esclusivamente ai nostri bisogni senza curarci degli altri, diventeremo infine egoisti, insensibili e depressi. Potremo cadere così in basso da sprecare tutta la nostra vita concentrati solo su noi stessi.

Amma dice che c'è sempre qualcuno che ci guarda con ammirazione e ci prende ad esempio, anche se si tratta solo di un fratello o di una sorella minore. Se compiamo delle buone azioni, anche piccole, altri seguiranno il nostro esempio e a poco a poco potremo cambiare il mondo…

Dio ha creato un mondo davvero magnifico. La sofferenza e la negatività che vediamo non sono una Sua creazione, ma la nostra. Siamo noi ad avere prodotto la sofferenza con la nostra mente indisciplinata e il nostro ego. Amma ci mostra un mondo diverso: a differenza di noi, lei vede in ogni cosa la meraviglia del Divino e questo la riempie di una gioia immensa.

Amma vive completamente nel momento presente. Questo non significa che stia tranquillamente seduta a godersi lo splendore della creazione divina. Nessun altro ha mai lavorato così duramente o a lungo come lei. Offre il massimo in ogni situazione e riserva la minima parte alle sue necessità personali. Nessuno mai ha dedicato tutto se stesso infondendo la propria energia a servire i poveri e i bisognosi come sta facendo Amma.

Capitolo 11

Amore e lavoro

"Il miglior antidoto che conosco per le preoccupazioni è il lavoro. La miglior cura per la stanchezza è la sfida di aiutare qualcuno che è ancora più stanco. Una delle maggiori ironie della vita è: chi serve riceve sempre di più di chi viene servito".

— Autore ignoto

Amma ci insegna che lavorare sodo è l'ingrediente segreto che conduce al vero successo e alla felicità nella vita. Non possiamo affidarci unicamente alla grazia, dobbiamo anche impegnarci. In verità, la grazia può arrivare solo dall'impegno.

Una donna andò a Los Angeles ad incontrare Amma per la prima volta e poi si recò in India per partecipare al tour del Nord. Era truccatrice e lavorava a Hollywood con le maggiori stelle del

cinema. Parlando del seva che svolgeva durante il tour, disse:

"Mi piace aiutare al banchetto dei succhi di frutta, però mi sento un po' sfortunata perché le persone del turno precedente preparano ogni cosa e così, quando arrivo, dicono sempre: 'Spremi un po' di *lime* e poi puoi andare via'. Così finisco sempre molto presto e allora vado sul palco da Amma.

Un giorno mi accorsi che Amma continuava a fissarmi: avevo la sensazione che desiderasse che svolgessi un seva più manuale che avrebbe implicato sporcarsi. Scendendo dal palco, mi imbattei in una donna che stava raccogliendo l'immondizia; cominciammo a farlo insieme: era un'attività che ti rende davvero più umile.

Molte persone mi guardavano mentre, vestita di bianco, raccoglievo i rifiuti per terra. A volte schioccavano le dita verso di me e me ne indicavano altri, senza lontanamente pensare che avrebbero potuto raccattarli. Con il tempo, cominciai ad apprezzare questo lavoro.

Pensavo:'Mi piace proprio questo seva. Diamine, dovrei tirar fuori ogni giorno il mio grembiule e farlo!'

Il secondo giorno, ero entusiasta all'idea di svolgere nuovamente un *vero* seva. Avevo capito come funzionavano le cose, dove mettere i rifiuti dopo averli raccolti, etc. Le mie mani erano piene di immondizia e i miei vestiti sempre più sudici. Mi sentivo elettrizzata!

Un giorno fui fermata da alcuni devoti che mi chiesero: 'Posso farti una foto?' La compagna con la quale svolgevo questo compito esclamò: 'Forza, dai, andiamocene!', ma io risposi: 'Un attimo! Devo prendermi cura di queste persone!' Così mi sistemai i capelli e mi misi in posa con il mio bastone per la raccolta rifiuti. (Dicevo intanto a me stessa: 'Chissà, tutto questo potrebbe finire su Facebook!')

Dopo circa un'ora, quando terminai il mio turno, andai sul palco per svolgere un seva vicino ad Amma. Lei si guardò intorno osservando quelli che le sedevano

accanto, poi si volse, mi guardò in viso
e mi fece un cenno di grande approva-
zione".

I veri Maestri spirituali non desiderano altro che
la nostra felicità, ed è per questo che cercano di
ispirarci affinché ci impegniamo a conseguire la
pace mentale. Amma è davvero straordinaria: il
suo scopo è farci partecipi della beatitudine in
cui lei dimora e si adopera affinché possiamo
raggiungerla. Ciò che dobbiamo fare è sostan-
zialmente molto semplice, ma ci riesce difficile
compiere lo sforzo necessario.

Un giorno Amma disse: "Vedere i miei
figli in *samadhi* (beatitudine) sarebbe per me
come..." e fece il gesto di bere dell'ambrosia
divina. Mentre pronunciava queste parole, uno
sguardo di intensa beatitudine illuminò il suo
volto. Fu bellissimo vedere lo stato in cui potremmo essere se solo ci impegnassimo sino in fondo.

Amma ripete instancabilmente: "La felicità
dei miei figli è nutrimento per la Madre. Amma
è felice quando scoprite la beatitudine dentro
di voi".

Per raggiungere questa condizione di estasi
suprema occorre pagare un prezzo e ci viene

richiesta una totale dedizione. Non dovremmo essere indolenti; Amma ci esorta a sforzarci costantemente di cercare la gioia suprema.

Amma compie ogni azione con grande grazia e senza sforzo, con naturalezza e spontaneità. In occasione dei festeggiamenti per il suo 61° compleanno, parlando di lei, uno degli oratori disse: "Amma lavora sette settimane, ogni giorno".

In un primo momento risi tra me e me, pensando che si trattasse di un piccolo lapsus, ma quando più tardi ripensai alle sue parole, mi resi conto che erano appropriate e rispecchiavano fedelmente la realtà. Amma svolge in un giorno il lavoro che richiederebbe sette settimane! Nessuno nel mondo riesce a realizzare, neppure lontanamente, ciò che lei è in grado di fare.

Quando ascoltiamo qualcuno, spesso giudichiamo le sue parole in base alla nostra visuale limitata; se però ampliassimo leggermente gli orizzonti della nostra mente scopriremmo livelli di esistenza nascosti che trascendono persino la più fervida immaginazione. Al momento, tutto questo ci risulta incomprensibile, ma appena avremo raggiunto un certo grado di umiltà, la nostra visione si espanderà e davanti a noi comincerà a rivelarsi un mondo molto più vasto, ricco di possibilità.

Amma ci offre ciò di cui abbiamo bisogno per vivere una vita piena e gratificante. Non ci occorre altro per raggiungere la meta: abbiamo un Maestro perfetto, in biblioteca o in libreria ci sono libri spirituali che ci insegnano e ci ispirano, e chi desidera provare la beatitudine che dona la devozione può partecipare ai *bhajan*. Con Amma, possiamo avere regolarmente un contatto con un Maestro perfetto e approfittare delle infinite opportunità di servire gli altri. Grazie a lei, possiamo accedere a tutto questo.

Quelli che tra noi hanno la possibilità di stare sempre con Amma sono estremamente fortunati. Davvero! Basta impegnarsi a fondo e, come un fiume, la sua grazia si riverserà su di noi.

"Il lavoro è amore che si rende visibile" afferma Kahlil Gibran. L'amore per Amma infonde tantissima forza ai devoti, desiderosi di offrire il proprio aiuto in ogni modo, giorno e notte.

L'amore dei figli di Amma si esprime attraverso le forme più diverse: partecipando alle operazioni di soccorso nei disastri naturali, lavorando per ore davanti al computer, pianificando

e gestendo i numerosi progetti e programmi caritatevoli di Amma, impaginando la rivista Matruvani o dando una mano affinché venga spedita in tempo.

Amma dice che è meglio logorare il nostro corpo facendo del bene nel mondo invece di arrugginire nell'inerzia, ed ispira milioni di persone a servire il prossimo.

Quando Amma era giovane, sua madre (Damayanti Amma) spronava la figlia a pregare Dio affinché le desse un lavoro: Sudhamani (nome di nascita di Amma, N.d.T.), invece, Lo implorava dicendo: "Ti prego Signore, dammi sempre il *Tuo* lavoro". La grazia di Dio fluisce in chi è sempre pronto ad aiutare il prossimo.

Damayanti Amma lavorava sempre sodo ed esortava i figli a fare altrettanto. Quando Amma era una ragazza, la madre le diceva che, se si fosse sentita esausta, non avrebbe mai dovuto mostrarlo. Al contrario, doveva mantenere un atteggiamento positivo e accogliere di buon grado altre incombenze. Sua madre non permetteva mai che le persone l'aiutassero in qualche modo, era molto indipendente e faceva tutto da sola.

Damayanti Amma si è sempre alzata puntualmente ogni giorno alle tre del mattino. Dopo aver sbrigato le faccende domestiche, recitava i mantra e le preghiere per tre-quattro ore, sino al sorgere del sole.

Quando albeggiava, usciva di casa e si prostrava al sole. Era convinta che bisognasse spazzare il cortile prima del sorgere del sole perché pensava che non ci si dovesse mai mostrare a Dio con la scopa in mano. Conosceva il valore del duro lavoro e la saggezza delle antiche tradizioni e li ha trasmessi ai figli.

Quando Amma era piccola, aveva un modo di concepire il lavoro che irritava parecchio le sorelle: non permetteva loro di svegliarsi tardi e alle quattro del mattino le faceva alzare, accendeva la lampada, si lavava e aiutava nei lavori di casa. Le sorelle si arrabbiavano molto per queste levatacce. Prima che i vicini si svegliassero, la famiglia di Amma aveva già finito tutti i lavori di casa ed era pronta per uscire.

I vicini lodavano questa famiglia e la additavano come esempio da seguire ai propri cari. "Avete visto come si svegliano presto e sbrigano ogni faccenda?" dicevano. Un anziano vicino di casa che si alzava sempre di buon ora per lavarsi, mentre la moglie e i figli continuavano tranquillamente a dormire, era solito assillare i propri familiari, confrontandoli con la famiglia di Amma. "Guardate i nostri vicini come sono disciplinati!" ripeteva spesso.

Nel pomeriggio, Amma usciva con le sorelle a tagliare l'erba per le mucche. Non le dispiaceva farlo, al contrario delle sorelle a cui non piaceva sporcarsi le mani di terra. Nascevano così litigi su chi si sarebbe insudiciata di meno.

Le sorelle ricordano ancora molto bene come Amma riuscisse a svolgere tutto rapidamente: badava alle mucche, tagliava l'erba, sbrigava le faccende domestiche così velocemente che non riuscivano a starle dietro. Amma riusciva inoltre a badare alle necessità della famiglia e a riservare del tempo per le pratiche devozionali e la meditazione.

Quando dedichiamo il nostro tempo e la nostra energia al servizio altruistico, scopriamo che possiamo realizzare cose incredibili. Moltissimi devoti lo hanno sperimentato personalmente nella loro vita: più ci impegniamo a servire gli altri, più la grazia e la gioia fluiscono nella nostra vita.

In un sondaggio in cui si chiedeva alle persone se avrebbero lasciato l'impiego se avessero vinto alla lotteria, sorprendentemente quasi tutti risposero che sarebbero stati contenti di mantenerlo. La maggior parte delle persone ama lavorare. Anche se a volte può risultare difficoltoso, la gente sa che è necessario lavorare non solo per guadagnare del denaro, ma anche per avere una certa pace nella propria vita. La pace che sperimentiamo quando aiutiamo è unica: si tratta di una pace particolarmente profonda, difficile da descrivere con le parole.

Una volta mi raccontarono la vicenda di una donna eroica che aveva trasformato il proprio lavoro in puro servizio disinteressato. Sin da ragazzina aveva desiderato diventare un'insegnante. Crescendo, aveva aiutato moltissimi studenti in difficoltà a trovare la propria strada nel mondo della scuola. Poi, all'improvviso, fu colpita dal morbo di Gehrig (SLA, Sclerosi Laterale Amiotrofica) che generalmente porta alla morte in cinque anni.

Quando le fu diagnosticata la malattia, scrisse una email ai colleghi e alle famiglie di tutti i suoi studenti, informandoli che aveva ancora questa lezione da insegnare loro: la morte fa naturalmente parte della vita.

Chiese inoltre di poter continuare a lavorare, comunicando attraverso il computer quando perse l'uso della voce. Rifiutò di rimanere a casa dal lavoro per riposare, come avrebbe fatto la maggior parte delle persone ammalate; al contrario, cominciò a gestire la biblioteca di due scuole elementari. Così, i suoi colleghi la nominarono all'unanimità "Insegnante dell'anno".

Il servizio disinteressato è il modo più semplice per dimenticare ciò che pensiamo di essere e ci aiuta a scoprire il Divino in noi e negli altri. È uno dei cammini più belli e facili da seguire. In realtà, la chiave per la gioia e la pace è molto semplice: fare del nostro meglio per compiere del bene, per quanto piccolo sia.

Capitolo 12

Superare il dolore

*"Le parole gentili possono essere brevi e facili
da pronunciare, ma la loro eco è infinita."*

– *Madre Teresa*

Amma ci offre il modo perfetto per acquisire karma positivo presentandoci innumerevoli situazioni in cui servire con abnegazione. Lavorare sodo per una buona causa, con la giusta comprensione, suscita in noi una bellissima ondata di gioia. Il seva è davvero una delle pratiche spirituali più semplici e gratificanti.

Nelle rare giornate in cui Amma è nella sua stanza e non ha dato il darshan alle persone, si rifiuta di mangiare dicendo che ogni giorno dovremmo lavorare almeno un po' per guadagnare il cibo che mangiamo. Dopodiché, dovremmo lavorare ancora un po' per aiutare i bisognosi. Amma afferma esplicitamente che, se desideriamo progredire, non possiamo evitare di rimboccarci le maniche.

Dobbiamo compiere azioni altruistiche, altrimenti diventeremo pigri ed egoisti. Persino le persone disabili offrono il loro contributo durante i programmi di Amma: accolgono i nuovi arrivati, controllano i braccialetti-lascia-passare, sorvegliano la sala… Il *seva* non deve essere necessariamente manuale: anche pregare per gli altri è *seva* perché, facendolo, non pensiamo alle nostre necessità.

È praticamente impossibile restare inoperosi intorno ad Amma, soprattutto quando la vediamo lavorare così duramente. Quindi, con umiltà, rinunciamo a un tale modo di pensare e decidiamo di aiutare facendo del nostro meglio. Svolgere *seva* è davvero per il nostro bene perché le nostre azioni e i nostri atteggiamenti ci accompagneranno come un'ombra anche nel futuro.

Non è possibile sfuggire al karma passato: darà inevitabilmente frutto; se però siamo disposti a tendere la mano quando vediamo qualcuno nel bisogno, potremo spezzare molte catene karmiche che ci imprigionano.

Non è sempre possibile mantenere il giusto atteggiamento e comportarsi perfettamente: dopotutto, è difficile conservare il buonumore mentre, in un mare di sudore, spaliamo sotto il sole cocente del letame che ci arriva al ginocchio. Siate comunque certi che, facendolo, sul vostro conto nella banca del karma verrà depositata un bella sommetta. Quando scegliamo di compiere una buona azione perché sappiamo che è giusto farlo, anche se onestamente preferiremmo evitarla, un torrente di grazia si riverserà su di noi.

Spesso è difficile indurre il nostro sé a fare ciò che è necessario, non perdiamo quindi tempo a chiederci se ne abbiamo voglia. Buttiamoci, determinati a compiere del bene prima che la mente ci faccia cambiare idea. È una grande fortuna avere l'opportunità di svolgere del *seva*. Il servizio disinteressato è una delle pratiche spirituali più gradevoli.

La nostra mente è sempre agitata e per sua natura tende ad attirarci verso il basso. Quando però siamo occupati in un seva, possiamo dirigere l'energia verso qualcosa di positivo. In tal modo ci eleviamo e non permettiamo alla mente di far fluire l'energia in basso, verso ciò che è negativo.

Se vi sentite depressi, quando cercherete di sedervi a meditare, molto probabilmente cominceranno ad apparire pensieri fastidiosi. Se si è preoccupati, Amma consiglia d'intraprendere una qualche attività.

Chi ha problemi psicologici o tende alla depressione non dovrebbe essere lasciato solo ad oziare, in balìa dei suoi pensieri caotici, perché la sua mente inizierà a correre all'impazzata causando maggiore sofferenza. Al contrario, andrebbe invogliato a occuparsi di qualcosa d'interessante, qualunque essa sia.

L'intento è quello di catturare la mente irrequieta e offrirle qualcosa di positivo su cui focalizzarsi, che sia meno distruttivo di quello che sceglierebbe. Il *seva* ci giova moltissimo perché ci toglie dal nostro piccolo mondo egoista e isolato e ci fa volgere l'attenzione ai bisogni degli altri.

Un devoto che era venuto in India per contribuire alla realizzazione dei progetti di Amma, fu inviato a svolgere il suo *seva* a Mumbai. Qualche mese più tardi, mentre era in treno diretto ad Amritapuri per fare visita ad Amma, si sentì un po' triste e abbandonato. "Forse Amma si è dimenticata di me" pensò tra sé. In quel preciso istante ricevette un messaggio da un amico che gli scriveva che Amma aveva appena parlato di lui lodandolo.

Amma è sempre con noi, guida ogni nostro pensiero e azione e ci ricorda che veglia costantemente su ognuno dei suoi figli. Amma è la pacata voce interiore che ci sussurra parole di saggezza per tenerci lontani dalle situazioni pericolose e ci parla in modo così gentile e sommesso che non sempre riusciamo a sentirla. Le nostre simpatie, antipatie e il nostro egoismo creano un grande chiacchiericcio mentale; ciò nonostante non dovremmo mai dubitare della presenza di questa voce.

Amma ci ricorda che "nell'amore puro che ci lega non esiste nessuna distanza".

Al termine del programma di Brisbane, in Australia, mentre si stava dirigendo verso l'uscita, Amma vide un uomo dietro la fila di persone raccolte lungo il percorso per salutarla. Amma gli chiese se avesse ricevuto il *prasad* e io gli domandai se avesse avuto il darshan. L'uomo

rispose: "No, sono solo un autista volontario".
Amma gli baciò teneramente la mano.

Anche se si tratta di una sola persona in mezzo a una moltitudine di gente, di un volto in un mare di folla, Amma riconosce chi non è stato abbracciato. Talvolta, alla fine dell'ultimo programma, mentre sta per partire dopo aver incontrato migliaia di persone, quando cammina tra la folla verso l'uscita, Amma nota se qualcuno non ha potuto avvicinarla. Forse non l'ha fatto perché non è riuscito ad avere il biglietto o perché c'era tantissima gente o perché sa che lei è molto dolorante dopo aver dato il darshan così a lungo.

Amma sa quali figli non hanno ricevuto il darshan e spesso li abbraccia mentre esce dalla sala. In un modo o nell'altro, Amma prende sempre atto del sacrificio di chi decide di non presentarsi al darshan per evitarle la fatica di abbracciare anche lui; sempre consapevole della presenza di ogni persona e di ogni cosa, ci ricolma di grazia.

Siamo nati innumerevoli volte e vissuto esperienze di tutti i generi: ci siamo incarnati come uomini o donne, ci siamo sposati o scelto di restare celibi o nubili. Abbiamo ricevuto tantissimi doni nella vita, continuamente. Ora è venuto il momento di dedicarci agli altri e ricambiare tutto questo in qualche modo.

Arriva un momento, nella nostra evoluzione, in cui dobbiamo sforzarci di elevarci il più possibile e corrispondere gioiosamente alle infinite benedizioni ricevute. Se riusciamo a farlo, le benedizioni potranno solo moltiplicarsi.

Ecco la testimonianza di un devoto:

"Abbiamo iniziato un seva di Embracing The World chiamato "Le mani di Amma". Fisicamente, Amma può essere solo in un luogo alla volta, e così i suoi devoti sono le sue mani nel mondo. Molto spesso i devoti avvertono l'esigenza di aiutare e di servire e sono ispirati a farlo quando stanno con Amma, ma quando poi tornano alla vita di tutti i giorni, pochi concretizzano questo desiderio. "Le mani di Amma" sono un tentativo per cambiare questo stato di cose.

Ci rechiamo nelle case di riposo e aiutiamo chi è in fin di vita. Le persone che vi abitano sono anziane e su una sedia a rotelle e hanno bisogno di essere aiutate in tutto: non sono in grado di mangiare da sole e vengono completamente lasciate a se stesse. Sono tutte molto ammalate, in difficoltà e piene di paure. I loro familiari non vanno a trovarle perché è troppo doloroso vedere lo stato in cui sono ridotte.

Noi ci rechiamo in queste strutture e teniamo sessioni di guarigione con chi è ricoverato. Regaliamo loro oggetti, ad esempio scialli da preghiera, e li massaggiamo. Una volontaria dipinge le unghie alle donne per farle sentire amate e accudite; leggiamo e cantiamo con loro; cerchiamo di essere presenti. Essere vicini a qualcuno è il regalo più grande che si possa fare.

Questo seva sta facendo una grande differenza nella loro vita. Ritornano a sorridere e ci chiedono sempre quando torneremo. Quando ci rechiamo da loro, gli doniamo speranza: si sporgono verso di noi, ci prendono il viso tra le mani e ci

baciano dicendo: "Grazie", con le lacrime
agli occhi.

Pratichiamo dei massaggi anche a chi
si prende cura di loro perché l'ambiente
è molto stressante per chiunque. Vorrei
tanto coinvolgere il maggior numero
possibile dei figli di Amma; il messaggio
di Amma è portare innanzitutto aiuto a
chi è nel bisogno.

Il mio desiderio è di ispirare altre
persone ad avviare lo stesso progetto,
per quanto possibile. Finora le "Mani
di Amma" è un iniziativa che si svolge
a Boston, ma stiamo cercando di dif-
fonderla anche in Europa. Noi *siamo* le
mani di Amma. È necessario servirla nel
mondo. Dovremmo cercare di stare con
la gente nel modo in cui lei vorrebbe:
con tanto amore, con tanta compassione e dedizione, come se fossimo le mani
di Amma che servono ognuna di queste
persone".

Spesso ci facciamo un'idea sbagliata di cosa
significhi veramente essere spirituali. Alcuni
a volte dicono: "Oh, non sono spirituale... mi

sforzo solo di essere una brava persona". Altri si considerano profondamente spirituali, mentre chi li circonda li giudica molto meschini. La gentilezza è un'espressione della spiritualità nel suo significato più vero. Dovremmo cercare di essere gentili; non è poi così difficile.

Chi è pronto a rivolgere un sorriso sincero a tutti, raggiungerà rapidamente le vette della spiritualità. Chi è pronto ad aiutare chiunque, in qualsiasi situazione, sa che servire gli altri è vera spiritualità.

Tutte le pratiche spirituali intendono ravvivare la nostra consapevolezza, in modo che possiamo concentrarci e vivere nel momento presente e permettere, proprio come Amma, che l'amore fluisca ovunque andiamo. Non pensiamo che bisogna per forza soffrire: il servizio disinteressato ci riporterà a casa, dove dimorano la vera libertà e la beatitudine.

Capitolo 13

La gioia del servizio

*"Quando aiuti chi ha bisogno, l'egoismo
scompare e senza neanche accorgertene
raggiungi la realizzazione".*

— *Amma*

Quando agiamo altruisticamente, la grazia
fluisce verso di noi. Decidere di compiere del
bene è come scoprire la formula magica con la
quale attingere alla grazia del Guru, anche senza
essergli fisicamente vicino.

Alcuni anni fa, mentre eravamo in tour
con Amma a Palakkad, faceva terribilmente
caldo. Nel sud dell'India fa sempre caldo, ma
quell'anno la temperatura e l'umidità avevano
superato ogni limite e stavamo tutti soffrendo.
Mentre Amma dava il darshan, stavo lavorando
nella mia stanza, facendo del mio meglio per
sopravvivere alla calura, quando qualcuno entrò

e disse: "Vieni ad aiutarci a tagliare le verdure, cambiare *seva* ti farà sicuramente bene!"

Mi dissi: "Oh, grazie. Che bel consiglio! Proprio una bella trovata, uscire sotto il sole cocente di mezzogiorno a tagliare la verdura…" poi, però, mi sorpresi a pensare: "Beh, in effetti, potrebbe essere una buona idea". Ricordai a me stessa che questa proposta era un messaggio dell'Amato che cercava di insegnarmi qualcosa di buono.

Durante i tour rimango di solito nella mia stanza, scrivendo libri o portando avanti altri progetti. Tagliare verdure era quindi un'attività completamente diversa (sebbene quando arrivai all'ashram trent'anni fa svolgessi proprio quella). Così uscii, imboccai la strada in discesa e mi diressi verso una piccola struttura temporanea, una specie di tenda che era stata montata per gli addetti al taglio delle verdure; vi entrai e mi sedetti vicino ad altre persone nel caldo torrido.

Fui molto sorpresa da questa esperienza: avevo completamente dimenticato quanto potesse essere divertente quel *seva*, anche se ero capitata nel giorno in cui si tagliavano solo cavoli. Occorre prepararne una montagna per cucinare un pasto che sia sufficiente per tutti. Si continua a tagliare, tagliare...

C'erano sette cassoni enormi pieni di cavoli: pur lavorando a pieno ritmo, i cassoni rimanevano sempre mezzi pieni. Sono certa che Amma si stesse prendendo gioco di noi, facendone continuamente apparire altri! La cosa divertente era che, nonostante l'afa e un'infinità di cavoli, tagliare le verdure mi dava molta contentezza.

Tutti erano felici. Era bello notare come ognuno si desse da fare e fosse cordiale e concentrato. Li guardavo deliziata.

Una bambina di appena tre anni stava scoprendo la gioia del servizio disinteressato: prendeva i piatti con i cavoli spezzettati e li svuotava in un grande contenitore con grande entusiasmo, perché per lei si trattava di un gioco molto divertente. Osservarla scoprire la bellezza del servizio disinteressato era spassoso e gratificante.

Un ragazzo stava perfezionando una canzone composta per Amma. A dire il vero era bruttina, ma sentirlo cantare col cuore, mentre praticava in quell'afa, aveva un certo fascino. Non provava alcun imbarazzo nel cantarla con innocenza ed entusiasmo. Sapevo che ad Amma sarebbe piaciuta.

Un volontario non più giovane, che conosceva solo qualche parola d'inglese, avrebbe lasciato il tour l'indomani. Pensai al suo nobile gesto di offrire il proprio tempo tagliando verdure quando non gli rimanevano che poche e preziose ore da trascorrere vicino ad Amma. Non potendo conversare con nessuno, continuava serenamente a svolgere questo seva invece di andare a guardare Amma.

All'improvviso l'uomo si tagliò un dito e uscì per farsi medicare. Mi sentivo veramente triste perché si era ferito e pensavo che non l'avrei più rivisto. Ma non fu così: tornò per riprendere ciò che aveva interrotto, nonostante avesse quasi tutto il dito fasciato. Fui molto colpita dall'animo di quelle persone.

Un adolescente disse che sarebbe stato bello avere degli altoparlanti nella tenda per poter ascoltare la musica (e a voce bassa aggiunse che avrebbe preferito udire gli *swami* cantare invece di ascoltare le prove di canto di quel ragazzo). Si allontanò, scusandosi, spiegando che andava a procurarsi un altoparlante. Pensai che fosse un espediente per non tagliare ulteriori cavoli.

Mi dissi: "Non lo vedremo più. Si è inventato proprio una bella scusa per andarsene. Addio!" Dopotutto, chi si aspetterebbe che un adolescente resti seduto a tagliare cavoli in quella calura?

Dopo venti minuti tornò con l'altoparlante. Ora potevamo ascoltare la musica. Ero nuovamente sorpresa. Prima ancora che me ne rendessi conto, quel giovane aveva ripreso il suo *seva*, ma questa volta non più da solo: aveva portato con sé i genitori. In Occidente, incontriamo molto spesso famiglie disfunzionali, ma la sua era proprio una famiglia "funzionale". Sembravano tutti felici di stare insieme, seduti a lavorare, e si divertivano a tagliare montagne di cavoli.

Tutta questa gente aveva assimilato perfettamente il significato di altruismo e di abbandono ed era riuscita a trasformare questa giornata torrida in una giornata in cui aleggiava la fresca brezza della grazia del Guru.

È piuttosto insolito incontrare gruppi di persone che svolgano il loro compito con così tanta gioia, dedizione e abbandono, ma intorno ad Amma questa scena è abbastanza comune, soprattutto durante lo svolgimento degli innumerevoli progetti caritatevoli che vengono portati avanti dai volontari nel nome di Amma.

Molte persone sono contente di svolgere seva meno prestigiosi quali pulire i bagni o fare la cernita dell'immondizia. Anche se fisicamente lontane da Amma, sono spesso più felici di chi trascorre tantissime ore seduto vicino a lei ad ammirarla.

Ci sono anche certuni che prestano aiuto solo quando Amma è presente e può notarli. Per il resto del tempo, la loro compagnia non è delle più allegre... È davvero curioso vedere quanti si diano da fare all'arrivo di Amma: afferrano una scopa o qualcosa che non avrebbero mai toccato prima. Sembra che stiano pensando: "Ecco Amma! Presto, facciamoci vedere molto occupati!" Incontrare gente che svolge lietamente un *seva* lontano da lei, senza nessuna aspettativa, è una delle scene più belle e ispiranti.

Amma non è confinata nel corpo fisico. Ovunque siamo, lei sa come opera la nostra mente. Quando ci comportiamo con abnegazione, la sua grazia fluisce verso di noi, ovunque siamo. Il servizio disinteressato è davvero la forma di devozione più profonda e la meditazione più toccante.

Quando compiamo nobili azioni, le nostre vite vengono benedette, anche se Amma non ci può vedere fisicamente. Non occorre fare *seva* vicino a lei per essere raggiunti dalla sua grazia. Come la limatura di ferro è naturalmente attratta dal magnete, così il Disegno Cosmico riversa spontaneamente su di noi la grazia quando facciamo del bene.

È l'altruismo e non la ricerca di quello che può soddisfare i nostri bisogni a renderci felici. Tutti sappiamo che le gioie più grandi della vita quali, ad esempio, guardare un tramonto, essere solidali, osservare il viso di un bambino che sorride, ricevere uno sguardo da Amma, servire disinteressatamente, ci vengono date gratuitamente. Sono queste piccole cose che arricchiscono di gioia autentica la nostra vita.

Se pensiamo solo a gratificare i nostri desideri, dopo averne realizzato uno ne apparirà subito un altro, perché essi sono infiniti. Se invece ci sforziamo di dissolvere nell'oceano del *seva* i desideri di soddisfazione personale, assaporeremo una pace mentale che non è facile trovare altrove.

È una benedizione poter respirare la meravigliosa atmosfera che Amma crea per noi ovunque vada. Intorno a lei, sono moltissimi quelli che aiutano senza aspettarsi nulla in cambio. In nessun altra parte del mondo esiste un luogo così impregnato di pace profonda come l'ashram di Amma, nel quale vivono insieme tantissime persone molto diverse tra loro.

Nella sua organizzazione, ogni iniziativa ha successo perché la grazia e l'altruismo sono il terreno che dà vita e fa crescere ogni cosa. Il suo ashram in India ha un'energia molto forte: il luogo natale di un santo conserva, infatti, un'energia particolarmente potente e purificante.

Alcuni decenni fa, quando cominciammo a costruire gli edifici dell'ashram, non avevamo una carriola né alcun attrezzo, eppure riuscimmo ad erigere un tempio e altre strutture. Al contrario di oggi, la campanella che suonava durante il giorno non ci ricordava che era tempo di frequentare le lezioni sulle sacre scritture, ma di svolgere il *seva*.

Per fare il cemento, riempivano bacili metallici pieni di sabbia che ci passavamo a catena; trasportavamo pietre e mattoni sulla testa.

Amma era sempre presente, lavorava con noi, ispirandoci e incoraggiandoci.

Tutti erano contenti di partecipare, anche quando le mani diventavano ruvide e bruciavano e cominciavano a spellarsi a contatto con il cemento. Talvolta sembrava che facessimo addirittura a gara per ritrovarci con le mani più rovinate. Anche se la pelle ricresceva lentamente, il morale rimaneva alto.

Ora le mie mani sono ritornate morbide: che peccato! All'epoca, pochissimi hanno avuto la fortuna di svolgere così tanto lavoro manuale insieme ad Amma. Furono giorni preziosi. Anche ora Amma a volte crea opportunità di servire tutti assieme. Può essere molto benefico svolgere un'attività fisicamente impegnativa: ritengo che sia importante preservare la sanità del corpo e della mente dedicandosi a una buona causa.

Siamo sempre impegnati in un'azione, anche quando pensiamo semplicemente a qualcosa. Per la maggior parte del tempo, i nostri pensieri girano a vuoto e ci rendono inquieti: siamo preoccupati su come procedere, su quello che dicono di noi, su come guadagnarci da vivere, ecc. La mente è scossa da un turbinio di pensieri che ci presentano un problema dopo l'altro.

Da sempre, i grandi maestri spirituali dell'India ci insegnano che attraverso le pratiche spirituali possiamo controllare la mente e dirigerla verso una direzione positiva. Dedicando costantemente la nostra energia, i nostri pensieri, le nostre parole e le nostre azioni al Divino, puliremo a poco a poco la mente e la purificheremo.

Dovremmo accogliere l'energia e le benedizioni della vita e trasformarle in doni da condividere con l'umanità.

Capitolo 14

Compassione infinita

"Il modo migliore per trovare se stessi è perdersi nel servizio per gli altri".

— Mahatma Gandhi

Quando vediamo Amma donare così tanto al mondo, dovremmo esaminare il nostro comportamento e chiederci: "Quanto davvero ricambio per tutto quello che ho ricevuto? Quanto mi impegno per contraccambiare ciò che mi è stato donato? Probabilmente nel corso degli anni siamo stati abbracciati da Amma più volte, ma quanto siamo effettivamente cambiati? Possiamo dire di esserci impregnati del suo amore e di averlo trasmesso ad altri?

Abbiamo fatto nostri i suoi insegnamenti? In tutta onestà possiamo affermare che ci stiamo sforzando di mettere in pratica ciò che lei ci ha offerto con grande dedizione? Forse no... ma

Amma non giudica nessuno, dà sempre a piene mani senza chiedere mai nulla.

Lei sa che, in base a come abbiamo vissuto, riceveremo il frutto del karma maturato. Ecco perché ci sprona continuamente a proseguire nel cammino spirituale e ad elevarci. Con ognuno di noi lei agisce in base a un disegno a lungo termine e, anche se non meriteremmo ciò che ci offre così magnanimamente, dona a profusione, a dei livelli che non saremo mai in grado di comprendere.

Amma continua imperterrita a donare, a donare e a donare ancora, indipendentemente da dove si trovi o da chi riceva il dono. Non riesce a farne a meno, è nella sua natura traboccare di compassione. Come si manifesta invece la *nostra* natura? Riflettiamo su questo punto. Pur ricevendo tantissimo, non smettiamo mai di chiedere ancora. Di fatto, quanto contraccambiamo, quanto condividiamo con gli altri?

Non possiamo serbare l'amore di Amma tutto per noi, non possiamo accaparrarlo e pensare: "L'amore che ricevo da Amma è solo per me". Vivere nel ricordo dell'amore conduce a uno stato di isolamento. Solo condividendo l'amore con gli altri, il nostro cuore sboccerà e fiorirà. L'amore diventerà allora una forza viva che, traboccando, diffonderà nel mondo la sua squisita fragranza.

Al termine di un programma pubblico, Amma mi disse: "Durante il darshan, per tre volte ho rischiato di perdere i sensi". La gente non riesce ad immaginare che ciò possa accadere perché è troppo intenta a pensare cosa potrà *ricevere* da lei e mai a quanto sia difficile per il corpo di Amma resistere a ciò che lei fa giorno dopo giorno.

Alla fine di quello specifico programma, Amma si avviò verso il camper, e si diresse verso alcune case di devoti che le avevano chiesto di celebrare una *puja* da loro. Erano le due del pomeriggio: Amma aveva abbracciato per tutta la notte e per tutto il giorno. Il programma era cominciato alle 19 del giorno prima ed era finito diciassette ore dopo. Tutti noi ci chiedevamo la stessa cosa: "Com'è possibile che riesca a fare tutto questo?"

Ma alla fine del darshan, appena salì sul camper, Amma si riprese: era pronta a uscire nuovamente e a donare ancora, e rifiutò di riposarsi prima di aver fatto visita ai numerosi devoti che l'avevano invitata a svolgere una *puja* nella loro abitazione.

"Amma, non sei nemmeno andata in bagno!" le dissi.

"Oh, non importa" rispose.

Ebbene, tutto quello che aveva fatto non era abbastanza per lei: voleva donare di più.

Non è possibile per noi comprendere lo stato sublime in cui dimora un Mahatma come Amma. Dà continuamente, ma pur donando senza sosta, Amma è sempre nella pienezza assoluta, trabocca addirittura, a prescindere da quanto abbia già fatto in precedenza. In effetti, alla fine di ogni darshan sembra sempre più radiosa di quando lo inizia. Anche se il suo sari è macchiato dal trucco e dalle lacrime delle persone che ha abbracciato e i suoi capelli sono un po' in disordine, verso il termine del programma è sfavillante. Guardando il suo viso, si può leggere tutta la gioia che riceve elargendo amore.

Dopo avere dato il darshan per diciassette ore e fatto visita a diverse case di devoti, Amma salì infine in macchina. Dal finestrino aperto, qualcuno le porse – tutto contento – un regalo.

Si trattava di una grande ciotola contenente del cibo che aveva cucinato per lei. Così, non sapendo dove metterla, la misi sulle ginocchia: avevo già molte borse vicino ai miei piedi.

Quando sollevai il coperchio, Amma vide che era colmo di noccioline bollite, molto unte, mescolate con fiocchi di cocco. C'era anche un cucchiaio. Amma desiderava offrire qualcosa alle persone che la stavano salutando e approfittò di questa occasione dicendo: "Oh, potrei distribuire del *prasad*!"

Non le era bastato abbracciare per diciassette ore né essersi poi recata in diverse case. Sarebbe stata contenta solo dopo aver distribuito a tutti il *prasad*.

Avevo in mano il cucchiaio, ma lei preferì infilare la mano destra nella ciotola e distribuire le noccioline dal finestrino; volavano da tutte le parti... e non si trattava di noccioline tostate ma di arachidi unte, imbevute di olio di cocco, e i fiocchi di cocco erano dappertutto. Mentre guardavo l'interno dell'auto, pensai: "Santo cielo, chissà cosa penseranno che sia successo quando arriveremo e qualcuno dovrà pulire tutto!"

Le arachidi schizzavano ovunque e, mentre l'auto si muoveva, Amma le distribuiva dal finestrino a tutti i devoti. Non riusciva a fermarsi, il suo unico pensiero era dare.

Mentre imboccavamo la strada principale, la gente cominciò a uscire dalle case rincorrendoci. A quel punto pensai: "Basta Amma. È abbastanza! Hai dato a sufficienza, non occorre che tu le dia a ogni singola persona che ci rincorre! Ma Amma voleva proprio questo e continuò dunque a distribuire sempre più *prasad* mentre ci allontanavamo. Dal finestrino volavano manciate di arachidi e tutti erano così felici.

Amma era raggiante di gioia, mentre io dicevo: "Amma, ci sono noccioline ovunque!" Lei era piena di arachidi come me e come pure l'auto. Avrà dato una sessantina di manciate di arachidi dal finestrino.

Infine chiudemmo il finestrino. Eravamo coperti di arachidi e scaglie di cocco dalla testa ai piedi. Amma disse: "Sì sono molto unte…" e poi decise che anche tutti noi avremmo dovuto ricevere il *prasad*! Così prese un'altra manciata di noccioline che diede a Swamiji, all'autista e a me.

Adesso erano davvero ovunque nell'auto: davanti e dietro. Ed eccoci lì, seduti in mezzo a quella piccola "piantagione" di arachidi sparse in ogni dove.

Amma era felice e beata per essere riuscita a offrire e a offrire: era rimasta solo qualche nocciolina. Dopo questo continuo dare, splendeva ancora di più. In quel momento era evidente come il suo comportamento non appartenesse a questa dimensione terrena. Mentre noi restiamo confinati nei nostri limiti umani, Amma si è librata ben oltre, superando la legge di gravità.

Quando dimentichiamo i nostri bisogni, l'universo con tutta la sua potenza fluisce dentro di noi e ci rigenera. Nessun altro ha mai incarnato questa verità meglio di Amma.

Al termine dei darshan, ciò che desidero di più è tornare nella mia stanza, chiudere la porta, bere qualcosa, sdraiarmi e riposare finalmente un po'. Ad Amma, invece, occorrono molte ore prima di riuscire a rilassarsi. Così, si mette a leggere le lettere dei devoti, prepara il *satsang* successivo (memorizzandolo e mettendolo per iscritto, in modo che possa essere tradotto in più lingue), telefona ai responsabili dei suoi progetti per fornire direttive e si accerta che tutti (compresi i cani) abbiano mangiato. Tutto questo prima di consumare il suo unico pasto giornaliero. Questa è la sua vita.

Dovremmo pensare all'esempio che Amma ci mostra e riflettere profondamente. Il servizio compiuto con il giusto atteggiamento può davvero purificarci, ci assicura Amma. Stiamo sfruttando al meglio questa vita preziosa? Avere l'opportunità di fare *seva* e di servire gli altri è una grande benedizione.

Stiamo facendo un buon uso delle magnifiche gemme che la vita ci ha donato? Abbiamo un grande debito di gratitudine verso l'universo intero e un giorno o l'altro dovremo ripagarlo. Perché non iniziare da subito?

Nella pasticceria dell'ashram c'è una devota di settant'anni che dedica molte ore al *seva* e ne è felicissima. Lei dice che in tal modo ha sviluppato forza muscolare. Ora dopo ora, mescola l'impasto in grandi vasche, prima in un senso e poi nell'altro. Questo lavoro faticoso l'ha resa più forte ed è più in forma che mai.

Un giorno sentii Amma che diceva: "Preferirei inchinarmi dinanzi a una persona immersa nelle cose del mondo piuttosto che a un ricercatore spirituale indolente". Chi vive nel mondo e si impegna e lavora onestamente e con il giusto atteggiamento, è molto più spirituale di una persona pigra che si è ornata la fronte con della cenere sacra per mostrare quanto sia spirituale.

Non è nemmeno importante credere in Dio se ci si dedica a servire il prossimo con abnegazione. Ci sono tantissimi non credenti che svolgono attività solidali e servono il mondo con questo spirito di servizio. Che ne siano consapevoli o meno, la loro dedizione innesca un processo di purificazione nelle loro vite.

Non importa quanti mantra recitiamo o quante ore sediamo in meditazione nella posizione del loto: la mente potrebbe continuare a correre all'impazzata, pensando soltanto a se stessi, a "cosa voglio io, di cosa ho bisogno io…". Per uscire dall'orbita dell'egoismo, bisogna coltivare l'attitudine al servizio.

Amma non ci costringerà a cambiare, questo desiderio deve scaturire da dentro di noi. Amma ha compreso la vera natura delle persone e del mondo e non nutre aspettative nei confronti di nulla e di nessuno. Questo non significa che non provi dei sentimenti per noi, al contrario: Amma ci ama più profondamente di quanto potremmo mai lontanamente immaginare.

Capitolo 15

Amore incrollabile

"Sai perché è difficile essere felici?
Perché ci rifiutiamo di lasciare andare
le cose che ci rendono tristi".

— Lupytha Hermin

L'amore e il servizio sono le forme più alte di *sadhana* (pratiche spirituali) alle quali aspirare. Tuttavia, se intendiamo praticarle rimanendo fedeli al loro vero significato, dobbiamo esercitare il distacco.

Pur sapendo che bisognerebbe amare le persone e servirci degli oggetti, siamo più propensi ad amare intensamente gli oggetti - tenendoceli ben stretti - e a servirci delle persone a nostro vantaggio per poi abbandonarle quando non ci sono più utili.

È questo sottile senso di distacco che permette ad Amma di amarci così profondamente e incondizionatamente. Praticare il distacco non significa isolarsi e non avere interessi; il vero distacco porta anche un senso di profonda completezza perché capiamo la vera natura delle persone e delle cose nella vita e ci accorgiamo che non possono darci una felicità duratura.

Ogni giorno Amma ci mostra l'esempio perfetto di come vivere nel mondo, rispondendo a ogni situazione con l'emozione più appropriata. Amma è totalmente presente in ogni sua interazione, mentre incontra una persona dopo l'altra e apre il suo cuore, e condivide profondamente con chiunque la gioia, la sofferenza e il dolore. Al tempo stesso non è mai attaccata a qualcosa o a qualcuno; nulla è in grado di scuoterla.

Amma accetta e perdona l'incostanza della nostra mente e ha un rapporto empatico con chi si reca da lei; eppure, nessuno è in grado di turbarla e allontanarla dal centro e dalla pace in cui è radicata.

La maggior parte di noi cede all'abitudine di vedere le cose negativamente, ma Amma non cade mai in questa trappola; al contrario, resta distaccata e lascia che le emozioni la attraversino.

A volte viviamo in un mondo immaginario che ci siamo creati: ci raffiguriamo come vorremmo che fossero le cose e proiettiamo aspirazioni e sogni su queste fantasticherie. Quello che però accade nella vita è quasi sempre molto diverso da quanto ci eravamo immaginati.

Amma conosce la verità suprema, sa che le persone e le cose alle quali ci aggrappiamo non potranno mai realizzare i nostri sogni (anzi, talvolta sono la causa di incubi). Raggiungere un certo grado di distacco ci porterà pace e contentezza e ci eviterà gli inutili dispiaceri legati alla natura impermanente del mondo.

Mentre era tra le braccia di Amma, un uomo le chiese di aiutarlo a trovare una moglie. In poco tempo questo desiderio si realizzò e di lì a poco l'uomo si sposò. Qualche tempo dopo tornò da Amma e le disse un po' imbarazzato: "Hmmm, Amma, avrei cambiato idea. Potresti riprenderti mia moglie?" Questa è la natura della mente: volubile. Solo scoprendo l'intimo rapporto con il nostro Sé potremo davvero soddisfare ogni desiderio e bisogno e trovare la completezza.

Nel corso della vita incontriamo migliaia di persone per le quali proviamo svariate emozioni.

Invece di sviluppare un certo distacco interiore, continuiamo a lasciarci trascinare da simpatie e antipatie permettendo loro di avere il sopravvento, e rimaniamo così schiavi delle nostre percezioni sensoriali.

Una sera, terminati i *bhajan*, durante l'*arati* alcuni bimbi molto piccoli si diressero gattonando sul palco verso Amma, che li prese in braccio. Al termine della cerimonia lei si recò in un'altra stanza, aspettando che i tecnici del suono allestissero il palco per la registrazione di altri *bhajan*. Durante quei pochi minuti, Amma mi chiese di portarle quei bambini.

Uscii e mi guardai intorno, ma non li vidi da nessuna parte. C'erano alcune persone che mi guardavano supplichevoli, nella speranza di poter entrare, ma erano ovviamente troppo grandi. Probabilmente i piccoli erano già andati a letto, e così tornai da Amma dicendole di non essere riuscita a trovarli.

Ad Amma piacciono tantissimo i bambini. Gioca con loro e dona loro amore. Pur riflettendo, come uno specchio, la loro totale innocenza, rimane interiormente distaccata. Una volta le domandai come potesse amarli così tanto e lei mi rispose: "Sì, Amma adora i bambini, ama ascoltare il cinguettio delle loro vocine…"

Poi ci guardammo e sorridemmo. Scherzosamente, terminai la sua frase dicendo: "… ma dopo qualche minuto è pronta a restituirli ai rispettivi genitori perché iniziano a piangere!"

Mentre viviamo in mezzo alle tentazioni è necessario capire la vera natura delle cose e i limiti delle nostre relazioni nel mondo. L'amore puro non si affievolisce con il distacco, anzi, un distacco autentico lo consolida e lo rende ancora più profondo. Se non abbiamo assimilato questa grande verità, la sofferenza diventa inevitabile.

Ovunque andiamo, è fondamentale comprendere la natura di questo mondo perennemente mutevole e non prestare troppa attenzione alle innumerevoli increspature formate dai pensieri e dalle emozioni. Amma ci ricorda costantemente che è possibile gustare la felicità duratura in questo mondo effimero e in continua trasformazione. Se vogliamo trovare la fonte della felicità autentica e permanente, dobbiamo volgerci al nostro interno.

Una donna ebrea, molto saggia, aveva due figli. Un fatidico pomeriggio, essi furono entrambi colpiti da un terribile male e morirono quasi istantaneamente, prima che si potessero chiamare i soccorsi.

Tutto questo accadde in un giorno sacro, un giorno in cui la legge ebraica ha stabilito che debbano regnare ovunque un'atmosfera di allegria e sentimenti di gratitudine. In qualche modo la donna riuscì a mettere da parte il proprio dolore e si costrinse a rimanere contenta, piena di fede e di amore per tutta la giornata. Occorse una grande forza.

Quando il marito tornò a casa e le chiese dove fossero i figli, non volle turbarlo dandogli la cattiva notizia e rispose con naturalezza che erano usciti.

Al tramonto, mentre questo giorno di festa stava per finire, la donna pose un quesito al marito; gli disse che molti anni prima un uomo era andato da lei e le aveva affidato due gioielli molto preziosi. Recentemente l'uomo era tornato per riprendersi ciò che era suo. Come avrebbe dovuto comportarsi con lui?

Il marito rispose che ciò che le era stato dato in custodia non le era mai appartenuto e che quindi avrebbe dovuto restituirlo. Concordando con lui, la donna gli confessò che Dio era venuto a riprendere i loro due figli.

Sentendo che i suoi amati figli erano morti, il marito scoppiò a piangere, ma sua moglie lo confortò dicendo: "Caro, non avevi appena detto che il proprietario ha il diritto di chiedere quanto gli appartiene? Dio ha dato e Dio ha preso. Che il Suo nome sia lodato".

Questa donna saggia è per noi un grande esempio di distacco, ma non dobbiamo fraintendere il suo messaggio. Amma non intende dirci che dovremmo essere contenti quando accadono eventi drammatici nella nostra vita, bensì vuole rammentarci la natura effimera del mondo: ogni cosa, ogni persona del creato tornerà infine alla sorgente. Tutto appartiene solo a Dio.

Amma ci ripete spesso che veniamo al mondo senza niente e che ce ne andremo esattamente nello stesso modo: senza niente. Nessuna persona, nessun oggetto, nessun bene è davvero nostro.

Quando comprenderemo tutto questo dal profondo del cuore, allora il nostro attaccamento e le nostre negatività a poco a poco scompariranno spontaneamente e per sempre. Soltanto il Divino ci accompagna e ci tiene vicini a Sé lungo tutto il nostro viaggio.

Imporsi il distacco prima del tempo, forzarci di provare certe emozioni o assumere atteggiamenti senza avere la giusta comprensione non ci condurrà alla meta, ma ci causerà solo infelicità e sofferenza. Se insistiamo nell'abbandonare i nostri attaccamenti senza prima averli analizzati e dissolti grazie a una mente matura, essi torneranno presto insieme ad altri loro amici rumorosi: la gelosia e l'insoddisfazione.

Le persone giungono spesso ad Amritapuri con l'intenzione di restarci "per sempre". Vogliono dedicarsi interamente alle pratiche più intense della *sadhana* e intraprendere rigorose austerità (*tapas*), desiderano diventare asceti e pregano Amma di distruggere il loro ego. Quando poi le cose non vanno secondo le aspettative dell'ego, se la danno a gambe gridando e lamentandosi di tutto. Com'è facile dimenticare che ogni cosa è la Volontà di Dio!

Quando la nostra comprensione diventa più profonda e abbiamo chiaro lo scopo della nostra vita, il perché l'abbiamo scelto e come raggiungerlo, allora tutto ciò che dentro di noi è antitetico scomparirà spontaneamente e a tempo debito.

L'ingrediente fondamentale, quello magico, che ci conduce alla meta è la grazia. È facilissimo ricevere la grazia da Amma, ma potrebbe essere difficile la via per attingerla. Per continuare a godere della grazia che lei riversa costantemente su di noi è necessario uno sforzo sincero, radicato nella discriminazione.

Le persone sono spesso sopraffatte dall'emozione e profondamente commosse dalla presenza di Amma, ma quante di loro compiono almeno lo sforzo di venire al programma successivo? Talvolta, persino percorrere brevi distanze per andare da Amma, sebbene lei viaggi in tutto il mondo per incontrarci, sembra richiedere troppo. Tantissima gente che non è disposta ad impegnarsi per raggiungere obiettivi importanti nella propria vita, smuove spesso montagne per ottenere cose futili e passeggere. Ci aspettiamo di ricevere la grazia senza aver alzato un dito: difficile che questo accada.

Ricordo una signora cinese proveniente dalla Malesia, particolarmente commossa e ispirata dal darshan di Amma; il suo cuore traboccava di emozione. Mentre stava avviandosi a tornare a casa, mi avvicinai e le suggerii di venire al programma successivo: "Dopotutto, non è che a tre ore di distanza" specificai.

"No", rispose, "è troppo lontano".

Rivendichiamo il nostro diritto di nascita, vogliamo bere dalla fonte della saggezza che è in noi, ma al tempo stesso ci rifiutiamo di compiere il minimo sforzo. In tal modo, sarà arduo arrivare all'obiettivo, anche se è vicinissimo.

Esiste una formula magica che ci aiuta ad avere successo ed è composta dalla grazia e dall'impegno accompagnati dalla giusta comprensione. Applicandola, riusciremo nei nostri intenti. Quando facciamo del nostro meglio, mantenendo al tempo stesso un atteggiamento innocente nel nostro cuore, la grazia di Amma fluirà spontaneamente verso di noi.

Solo quando avremo imparato a servire in modo disinteressato, senza giudicare, senza attaccamento e aspettative, verremo condotti verso il vero amore.

Capitolo 16

La facoltà del discernimento

"Meglio camminare da soli che insieme a una folla che procede nella direzione sbagliata".

– Diane Grant

Dovremmo cercare di relazionarci con gli altri *senza* lasciare che i sentimenti e le emozioni annebbino la mente e prendano il sopravvento. Quando riusciamo a sollevare il velo delle influenze emozionali, possiamo capire più chiaramente come procedere e compiere l'azione giusta, al momento giusto e con il giusto atteggiamento.

Permettere al nostro buon *karma* di attuarsi attraverso azioni *dharmiche* riduce le nostre *vasana* (tendenze latenti) ed è alla base dell'intelletto discriminante (*viveka-budhi*). L'intelletto discriminante ci spinge a compiere buone azioni, che compiamo solo quando è l'intelletto discriminante ad operare: le due cose sono complementari.

Quando esercitiamo il discernimento, ci poniamo domande quali: "È questa la vera intenzione per cui faccio questa azione? Il mio agire è colorato da giudizi, simpatie o antipatie personali? Sto facendo ciò che è bene? Sto andando nella direzione giusta, verso ciò che è buono, o sto procedendo nella direzione opposta?"

Discernere significa andare al di là delle proprie attrazioni e avversioni o dei giudizi su base emotiva e osservare le cose dal centro. Dovremmo esercitare questa facoltà in ogni nostra azione, sebbene sia difficilissimo riuscirci in questo mondo dominato dall'azione. Come disse il filosofo francese Voltaire: "Il buon senso (*common sense* in inglese, N.d.T.) non è poi così comune: in effetti, è piuttosto raro".

Mentre eravamo a metà del tour dell'India del Nord, mi trovai ad avere bisogno di acquistare un nuovo paio di sandali. Andai nel negozio di calzature con una persona che mi convinse ad acquistarne un paio costoso (in genere non mi permetto di possedere articoli tanto cari). Costavano 1.200 rupie: mi sembrava di spendere una fortuna per un paio di sandali. La persona che era con me continuava a ripetere che era ciò di cui avevo bisogno e diceva: "Sono perfette per te e per i tuoi piedi… dureranno anni". A dire il vero, non avevo intenzione di spendere così tanti soldi, ma alla fine acconsentii, ignorando la pacata voce interiore del discernimento.

Il giorno successivo pernottammo con Amma a casa di un devoto e io lasciai i miei nuovi sandali al sicuro nel camper. Cominciò a piovere e il *brahmachari* responsabile del programma pensò di farci una gentilezza mettendo i nostri sandali davanti alla soglia di quella casa. In tal modo, alla nostra partenza, avremmo potuto indossarli evitando di camminare a piedi scalzi nel fango e nelle pozzanghere. Andò quindi nel camper a prenderli. Sfortunatamente, Amma non uscì dall'ingresso principale ma da quello laterale. La seguii velocemente e mi affrettai a salire sul camper.

Più tardi, quando ci fermammo lungo la strada per bere il *chai* e cenare con il gruppo, mi chiesi ad alta voce dove fossero finiti i sandali.

Mentre li stavo cercando, arrivò quel *brahmachari*, che confessò di aver spostato i miei sandali nuovi di zecca all'ingresso della casa che avevamo appena lasciato. Si era semplicemente scordato di dirmelo.

E così questa fu la fine delle calzature più costose che abbia mai comprato. Non le avevo tenute nemmeno ventiquattr'ore! In quell'istante compresi che avrei dovuto ascoltare la voce del discernimento che mi suggeriva di acquistarne un paio meno caro, sapendo che nel tour dell'India i sandali non durano a lungo.

Dovremmo fare uso dei valori spirituali che abbiamo coltivato nella vita per prendere le decisioni giuste. La discriminazione nasce dall'intelletto, dal cuore e dalla voce dell'esperienza; è l'intuizione interiore, quella piccola scintilla del Divino in noi, che ci sussurra: "Questa è la cosa giusta da fare". In ognuno c'è questa delicata vocina che ci esorta sempre a compiere il bene. Nella quiete, è più facile udirla.

Si dice che la capacità di discernere sia ciò che ci differenzia dagli animali. Per il resto, le nostre azioni sono identiche alle loro. Sia gli animali che gli uomini mangiano e defecano, amano i

166

propri piccoli e li difendono a ogni costo. Non ci sono poi così tante differenze tra noi e loro, contrariamente a quanto pensa la maggior parte della gente.

Gli animali seguono semplicemente i loro istinti naturali, ma anche in questo caso non si comportano egoisticamente come fanno spesso gli esseri umani. In effetti, gli istinti naturali degli animali sono sovente più puri ed evoluti dei nostri.

Prendete per esempio quei cani randagi che gironzolavano per l'ashram alcuni anni fa: quei due cuccioli abbandonati sono riusciti a farsi strada nel cuore di Amma e da allora vivono con lei. A dire il vero, sono molto più disciplinati della maggioranza dei residenti dell'ashram: si recano all'*archana* e alle lezioni sulle scritture ogni mattina, e alla sera assistono immancabilmente ai *bhajan*. Tumbhan, il maschio, si siede sempre sul *pitham* (seggio) vicino ad Amma mentre Bhakti, la femmina, occupa il posto più umile, sotto il *pitham*. Bhakti sa come un vero ricercatore spirituale si deve comportare: aspetta sempre che Amma si sia seduta prima di strisciare con garbo sotto il seggio.

Ricordo che, quando un mattino di alcuni anni fa Amma si recò dall'altra parte della laguna per assistere alle celebrazioni per il suo compleanno, Bhakti era presente. E chi stava ancora aspettando pazientemente Amma nello stesso identico posto ventiquattr'ore dopo? Bhakti. Fu lei che aspettò umilmente il ritorno di Amma.

Anche se pensiamo che sono gli esseri umani e non gli animali ad avere la facoltà di discernere, solo noi ci portiamo appresso il pesante fardello dell'egoismo e dell'ego.

Le scritture ci insegnano che evolviamo progressivamente dal regno vegetale a quello animale, da quello animale a quello umano e infine da quello umano a quello divino. Un giorno saremo tutti assorbiti nella Coscienza Divina e sapremo chi siamo veramente. Se però non esercitiamo il discernimento non potremo mai elevarci a quello stato supremo.

Amma dice che negli anni dell'adolescenza cominciano ad affiorare i nostri istinti animali, e recenti studi scientifici hanno confermato questa sua affermazione. Gli scienziati hanno scoperto che gli adolescenti sono incapaci di discernere perché il loro lobo frontale, l'area del cervello in cui è situata la capacità di ragionare, deve ancora svilupparsi completamente. Questo spiegherebbe la tendenza nei bambini e negli adolescenti a prendere decisioni senza pensare alle conseguenze delle proprie azioni.

Alcuni anni fa, durante un ritiro a Seattle, un uomo stava svolgendo molto coscienziosamente il *seva* di servire il *chai* durante i pasti. Alcuni bambini gli si avvicinarono e gliene chiesero un pochino. Pensando che fossero troppo piccoli per bere del *chai*, rispose che non potevano averne e non glielo diede. Non contenti di questa risposta, i bambini si misero le mani sui fianchi e cominciarono a insistere dicendo: *"Vogliamo il chai! Vogliamo il chai!"*

"No, non potete!" rispose l'uomo. Un bambino piccolo si avvicinò al tavolo dove lui si trovava e il volontario si chinò per parlargli. Ma ancor prima di rendersi conto di cosa stesse succedendo, il bimbo gli afferrò la retina per capelli che indossa chi serve il cibo e gliela abbassò sulla faccia.

Mentre cercava di togliersela, i suoi compagni afferrarono un paio di bicchieri di *chai* e fuggirono. Allibito, l'uomo prese atto che era stato derubato da una banda di ladruncoli che non avevano nemmeno otto anni!

Negli adulti, la capacità di discernere dovrebbe essere maggiore perché il loro cervello è completamente sviluppato. Bisogna però esercitare tale facoltà ed essere consapevoli che ogni azione comporta delle conseguenze. Con l'avanzare degli anni e alla luce della maturità acquisita, dovremmo ricorrere più spesso al discernimento facendo tesoro delle esperienze della vita. Più lo applichiamo, più si rafforza.

Un'adolescente devota di Amma mi disse che, quando entrò all'università, dovette affrontare alcune battaglie dure e inaspettate. Non aveva mai assunto alcol o stupefacenti in vita sua e all'improvviso, ovunque andasse, tali sostanze le diventarono accessibili. A volte persino i docenti le offrivano da bere e le era capitato di trovarsi in una classe dove tutti gli studenti erano "sballati".

Era molto tentata dal provarle, ma si trattenne ricordando gli insegnamenti di Amma. Quando recitava ogni giorno i 108 nomi di Amma, ripeteva il mantra: "Rendo omaggio ad Amma, che disapprova fermamente azioni negative quali rubare, nuocere agli altri e fare uso di droghe". I nomi di Amma le diedero forza, ma la sua lotta interiore di evitare le tentazioni si fece sempre più ardua. Decise infine di parlarne ad Amma.

Amma le disse che l'avere discriminato correttamente l'aveva protetta dal commettere un pericoloso errore e poi aveva aggiunto: "Le droghe e l'alcol sono come il fuoco. Sai starne lontano perché sei troppo intelligente per lasciare che la tua mano venga bruciata dalle fiamme."

La presenza di Amma ci infonde tante buone qualità che altrimenti difficilmente avremmo; stando con lei, si attua una sorta di osmosi spirituale. La vicinanza di un santo crea sempre un clima favorevole alla crescita spirituale. Mostrandoci come si comporta con ciascuna persona nelle situazioni più diverse, Amma ci insegna a fermarci a riflettere e a usare la discriminazione.

Dobbiamo ascoltare il dolce sussurro interiore della voce del discernimento a cui possiamo sempre rivolgerci e che purtroppo interpelliamo di rado, trovandoci così a soffrire.

Utilizziamo dunque il discernimento e prendiamo le nostre decisioni da un livello conscio di consapevolezza, ricordando che ogni azione ha inevitabilmente delle conseguenze. Le nostre scelte possono infatti avvicinarci o allontanarci da Dio.

Rimuoviamo gli ostacoli sul cammino con la facoltà discriminante che già possediamo. Cerchiamo di avere l'atteggiamento di un bambino innocente che ascolta le parole della madre. Proviamo a farlo. Amma perdona ogni nostro errore, non dobbiamo avere timore. E se per un'errata valutazione della situazione cadiamo, finiremo comunque in grembo alla Madre Divina: non potremmo cadere da nessun altra parte.

Quando avremo appreso l'arte del discernimento, saremo capaci di sorridere con il cuore, al di là delle circostanze sconvolgenti e caotiche che incombono all'esterno.

Capitolo 17

Imparare a scegliere

"Che giorno è?" chiese Pooh. "È oggi" rispose Piggy. "Il mio giorno favorito" disse Pooh.

— *A.A. Milne*

È incredibilmente difficile liberarsi dalla "vischiosità" della mente che ci intrappola ogni volta. La mente umana è estremamente complessa e inflessibile e, sfortunatamente per noi, rimaniamo impantanati.

Malgrado le nostre speranze e i nostri desideri più sinceri, la mente non si placherà e non sarà mai nostra amica perché, per natura, cerca il piacere (anche se poi alla fine sperimenta solo l'infelicità). Sino a quando non realizzeremo Dio, la mente si allontanerà sempre dalla verità e cercherà di trascinarci con lei.

Si dice che l'obiettivo della vita umana sia raggiungere la vera felicità, ma la mente tende

173

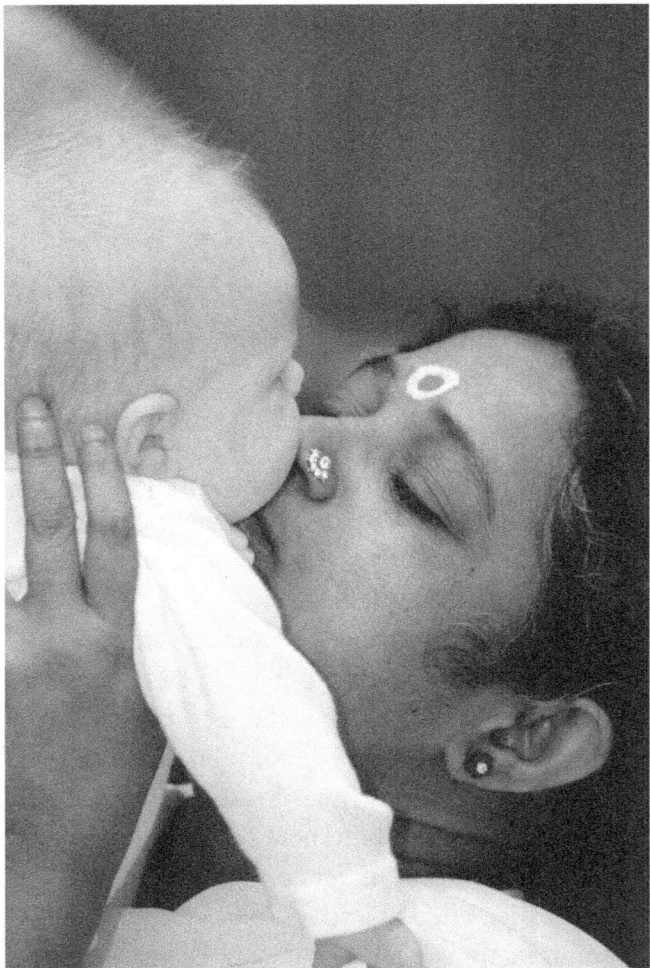

a cercarla nei posti sbagliati. È molto facile cadere in inganno; dopotutto, gran parte di ciò che crediamo di essere è frutto di questa mente vagabonda e ingovernabile.

Per questo le tradizioni spirituali ci propongono innumerevoli metodi che ci aiutino a prendere le distanze e a diventare testimoni del flusso infinito dei nostri pensieri. Tali tecniche favoriscono la quiete mentale e ci liberano da pensieri ed emozioni tenaci che ci inducono ad aggrapparci a ciò che ci danneggia.

In verità, noi non siamo la mente, non siamo il corpo e nemmeno le emozioni: noi siamo il puro Sé, l'eterno Testimone che osserva in silenzio; tuttavia, il velo di *maya* cela costantemente il Sé con un turbinio di pensieri.

È questa forma mentale radicata negli attaccamenti a causarci così tanta sofferenza. Essendo completamente identificati con il corpo e con le emozioni, ci è difficile persino immaginare che la nostra vera natura sia l'*Atman* (Coscienza Suprema), da sempre libero.

Diciamo che vorremmo progredire spiritualmente, ma se svolgiamo i nostri compiti senza aprire il cuore, non potremo andare avanti. La maggior parte delle volte sappiamo qual è la cosa giusta da fare, anche se non sempre la facciamo. Dovremmo comunque sforzarci di farla anche quando preferiremmo evitarla, perché in tal modo supereremo i nostri limiti.

Mentre ero seduta al suo fianco, in volo dalle Mauritius all'isola La Réunion, improvvisamente Amma mi prese la mano e cominciò ad osservarla con grande attenzione.

Stava per dirmi cosa aveva visto e svelarmi i segreti di tutte le mie vite quando qualcuno si avvicinò a me e toccandomi sulla spalla mi sussurrò: "Potrei fare una domanda ad Amma?"

Le mie spalle si incurvarono un po' e per un attimo esitai. Voglio dire, quante volte vi capiterà che Amma stia per leggere il vostro passato e il vostro futuro? Ma cos'altro potevo fare?

Con riluttanza feci un bel sorriso e risposi: "Sì…" Quell'istante con Amma era passato e non si ripresentò più.

Anche se a volte potrebbe essere difficile, cerchiamo di non dare troppa importanza alla mente, che tenterà sempre di impedirci di compiere ciò che è giusto e ci ingannerà giustificando i suoi suggerimenti con la sua logica contorta. Ad esempio, ci dirà cose come queste: il cioccolato è fatto con cacao, che è il seme della pianta del cacao. Anche l'insalata è una pianta, quindi: il cioccolato è come l'insalata! Progrediremo solo se ci sforzeremo di buon grado di non accontentarci di fare il minimo necessario. Se desideriamo davvero crescere spiritualmente, è essenziale sviluppare la capacità di discernere e imparare a distinguere l'eterno dal non eterno.

Dobbiamo comprendere quali sono le scelte che condurranno verso la felicità duratura e la beatitudine e quali quelle che apporteranno solo gioie temporanee (seguite dalla sofferenza). Usare il discernimento significa optare di rimanere il più possibile vicino a Dio in ogni singola decisione che prendiamo.

Un ragazzo venne per la prima volta all'ashram di Amritapuri e gli fu detto che, in quel periodo, Amma stava dando il darshan nella sua stanza a ogni residente e che non erano previsti darshan pubblici. Dispiaciuto per non essere riuscito a incontrarla, il giovane decise di andare a Varkala a trascorrere una settimana al mare.

Mentre era lontano, Amma chiamò nella sua camera tutti i visitatori occidentali, permettendogli di stare con lei per più di un'ora. Tutti loro erano estremamente felici. Quando tornò dalla sua vacanza, quel ragazzo fu molto amareggiato nel sapere cosa si era perso. Ecco ciò che accade se manchiamo di vigilanza e ci allontaniamo dal cammino spirituale: perderemo sicuramente opportunità preziose.

Nella vita subiamo molte delusioni perché non esercitiamo il giusto discernimento. Noi stessi siamo la causa della nostra sofferenza. Attraverso il discernimento, ci accorgiamo che ogni situazione si presenta a noi per un buon motivo. La sofferenza che viviamo è determinata dalle nostre azioni passate; potrebbe essere difficile comprendere questo fatto perché le conseguenze karmiche possono manifestarsi dopo molte vite.

Ogni cosa che ci accade è legata a ciò che abbiamo fatto in passato e ora ne raccogliamo i frutti. Nulla di quanto ci capita è dovuto al caso: la legge di causa ed effetto opera sempre.

Accettare è l'atteggiamento corretto e anche l'unico modo intelligente di vivere. L'accettazione e la capacità di discriminare sono la stessa cosa, non sono due qualità distinte. Sapremo adattarci e adeguarci alle diverse situazioni della vita soltanto se abbiamo un cuore puro e aperto.

Invece di tenerlo a mente, lottiamo solitamente contro le circostanze e ricopriamo di biasimo, di giudizi e di collera le cose e le persone che ci circondano. Non usiamo correttamente il discernimento, al contrario, distorciamo i fatti per appagare l'ego.

Crogiolarsi nella sofferenza - aggrappandosi alle esperienze dolorose, rifiutandosi di lasciarle andare - significa non avere la giusta visione delle cose. La psicologia occidentale incoraggia spesso le persone a rivivere la propria sofferenza, analizzandola ripetutamente, mentre la filosofia induista insegna a lasciarla semplicemente andare.

Non stiamo guardando il mondo dalla giusta prospettiva e neppure il nostro modo di percepire è adeguato: se lo fossero, nessun evento potrebbe ferirci. Il discernimento ci permette di comprendere che tutte le circostanze nella vita sono insegnamenti da scoprire. Se discerniamo correttamente, non assumeremo mai un atteggiamento negativo verso le persone o le situazioni.

Questo non significa accettare ogni tipo di comportamento, si può arrivare a un punto in cui è giusto alzarsi e dire: "NO!" Dobbiamo farlo quando qualcuno sta commettendo un grave errore, ad esempio nei casi di violenza domestica o di altre situazioni violente. C'è un momento in cui è importante prendere una posizione ferma e combattere l'ingiustizia. Anche in questi casi, è però necessario esercitare un certo grado di distacco e di discriminazione (poiché a nessuno piace sentirsi brutalmente dire che ha torto).

Non dimenticherò mai l'orrore che provai nel leggere questo fatto di cronaca: un uomo era svenuto ed era caduto sui binari del treno. Una videocamera di sicurezza aveva ripreso un altro uomo che si era precipitato sui binari, accanto a lui. Sembrava che volesse salvargli la vita, ma fu scioccante vedere che, al contrario, stava frugando nelle tasche della vittima per rubargli gli oggetti di valore. Era poi fuggito, lasciando quel poveretto sui binari dove sarebbe stato sicuramente travolto da un treno.

Purtroppo, questo fatto raccapricciante illustra con grande chiarezza il triste stato in cui si trova il mondo d'oggi. Invece di aiutarci reciprocamente ad elevarci, ci schiacciamo, ci calpestiamo a vicenda per poter salire più in alto, derubando nel frattempo chi ci sta accanto.

Siamo fatti a immagine di Dio, ma ci dimentichiamo continuamente di quanto siamo speciali. Amma incarna il Divino che dimora già in noi ed agisce partendo dalla consapevolezza che Esso è ovunque, in ogni cosa. In lei fluisce intuitivamente la saggezza dell'universo, in ogni situazione.

Amma usa alla perfezione il suo discernimento, trascende ogni tendenza negativa e vede Dio in tutto, in ogni particella del creato. Questo è lo stato supremo a cui possiamo aspirare: vedere ovunque l'opera di Dio. Quando avremo questa visione, capiremo perché le cose accadono in questo universo; da una tale conoscenza scaturirà spontaneamente una compassione profonda per le sofferenze di tutti gli esseri.

Amma ha toccato l'apice che può essere raggiunto dal potenziale umano e a cui noi non siamo ancora arrivati. Di solito nessuno ci riesce perché non si sforza abbastanza. Amma racchiude in sé ciò che dovremmo essere (ed è andata persino oltre). La maggioranza della gente si accontenta della mediocrità.

Guardando Amma, comprendiamo perché abbiamo ricevuto questa nascita umana e quanto possa essere nobile. Vedere Amma, significa in realtà realizzare che il Divino dimora effettivamente in ognuno di noi ed è alla nostra portata.

Un giovane chiese ad Amma: "Qual è la via più breve per giungere all'Illuminazione?"

Amma rispose: "Cercare l'Illuminazione è come trovarsi affamati e stanchi nel mezzo della foresta mentre un leone ti sta dando la caccia. In quel momento non badi ai morsi della fame o alla stanchezza, impieghi tutta la tua energia per metterti in salvo. Questo è l'atteggiamento da tenere per raggiungere l'obiettivo.

Immagina che tra poco ti impiccheranno e che nel frattempo qualcuno ti offra un milione di euro. Non ci farai molto caso perché ciò che ti preme è sfuggire al cappio del boia. In questo momento il tuo unico desiderio non sono i beni materiali, ma sfuggire alla morte. Ciò che conta è il tuo atteggiamento interiore".

Mentre viviamo nel mondo dobbiamo capire la vera natura degli oggetti e i limiti delle nostre relazioni. Senza questa comprensione la sofferenza è inevitabile. Amma ci ricorda costantemente che non possiamo trarre una felicità durevole dalle cose e dalle situazioni sempre mutevoli di questo mondo impermanente.

La facoltà discriminante ci insegna a guardare dentro di noi e a scoprire la nostra vera natura, che trascende completamente le onde sempre diverse della mente. Solo comprendendo chi siamo, possiamo capire chi sono gli altri. È da questa comprensione che alla fine apprendiamo cosa significa diventare un essere umano completo. In definitiva, se vogliamo sinceramente trovare la fonte dell'eterna felicità, dobbiamo per forza guardare dentro di noi.

Amma conosce il suo vero Sé ed è per questo che ha conseguito la beatitudine suprema. Trascendendo questa mente instabile, ha placato i pensieri irrequieti e febbrili nella freschezza della pura discriminazione. Amma dimora in un totale abbandono e vive con fede totale nel Divino.

La nostra mente, invece, è arenata, agitata da innumerevoli pensieri e dubbi che scompariranno soltanto quando conseguiremo la realizzazione del Sé. Per nostra fortuna abbiamo il dono della discriminazione che ci può salvare, se lo usiamo.

Capitolo 18

Dalla consapevolezza alla fede

*"In realtà non c'è null'altro da rivelare
sulla spiritualità. "Tutto è Dio, non c'è
nient'altro che Dio": questo è l'unico, il solo
messaggio delle Upanishad, dei Veda, della
Bhagavad Gita e dei Purana. Quando si
dice che esistono 108 Upanishad, dovremmo
intendere che, in effetti, esse sono 108 modi
diversi di comunicare lo stesso messaggio".*

— Amma, Guru Purnima 2012

Se riuscissimo a imparare a gestire correttamente la mente, rivolgendo tutta la nostra energia - i nostri pensieri, le nostre idee e i nostri sogni - verso una direzione positiva attraverso le pratiche spirituali, la nostra vita sarebbe più semplice. Questo non significa che, improvvisamente, non ci sarebbero più ostacoli, bensì che la vita potrebbe offrirci esperienze estremamente gioiose.

Nel nostro ashram c'è un *brahmachari* che non va mai da nessuna parte e che è talmente timido che preferisce non parlare direttamente con Amma: le parla attraverso la sua foto e le racconta tutti i suoi problemi. Quando un giorno andò nella camera di Amma per un darshan, non le chiese nulla ma lei rispose spontaneamente a ogni sua domanda, nello stesso ordine in cui lui le aveva poste davanti alla sua foto.

L'uomo era sbalordito. Alla fine Amma gli chiese: "Come faccio a conoscere tutte queste cose?"

"Amma, tu sei la Devi" rispose l'uomo.

"No", replicò lei dolcemente, "me le hai raccontate tu davanti alla foto". Amma ascolta davvero quello che le diciamo, ovunque siamo nel mondo, ed è la prova vivente che il potere dell'amore trascende la cortina del tempo e dello spazio.

Troppo spesso restiamo bloccati dai limiti che ci siamo imposti, che ci impediscono di esprimere pienamente il nostro potenziale. La mente è sempre piena di dubbi, ma il calore del vero amore li scioglie e permette al cuore di trovare la pace.

Quando arrivammo a Madurai durante il tour dell'India del Sud del 2015, Amma si diresse subito verso la sala del programma per distribuire la cena a tutti. Era il giorno di Pongal, la festività che segna l'inizio dell'anno nuovo nel Tamil Nadu e la ricorrenza più cara al cuore dei tamil. Dopo aver distribuito il pasto a tutti, Amma cantò dei *bhajan* assieme ai devoti. Mentre stavamo terminando di mangiare, chiese se qualcuno volesse condividere una storiella.

Una donna prese il microfono e stava per cominciare a parlare quando Amma la guardò e cominciò a ridere di gusto. Profondamente commossa, la donna scoppiò a piangere.

Tra le lacrime, raccontò che il giorno prima il marito le aveva chiesto di preparare del *payasam* (budino dolce) da offrire ad Amma, dicendo che forse lei gliene avrebbe chiesto un po'. Troppo intenta a coordinare il trasporto dei devoti al programma dell'indomani, non aveva dato retta alle sue parole.

Si era detta: "Certamente Amma non vorrà che le prepari del *payasam*. Ha così tanti devoti più ricchi e influenti di me, io non sono nulla di speciale, perché mai dovrebbe chiederlo a me?"

Quando Amma entrò nella sala, si volse subito verso di lei e chiese: "Dov'è il mio *payasam*?" Mentre lo raccontava ad Amma, la donna continuava a piangere e a ripetere che aveva pensato di essere una persona poco importante.

Amma la guardò con indescrivibile dolcezza e replicò: "Nessuno è insignificante per Amma. Amma ama tutti, non importa chi siano. A lei non importa se qualcuno riveste un ruolo influente o è una semplice donna di casa. Per Amma, ogni persona è speciale". Aggiunse anche che nel momento in cui questa devota aveva pensato di prepararle del *payasam*, lei l'aveva ricevuto.

È preferibile cercare di sintonizzarci con il mondo dei pensieri di Amma invece di perdersi nella *maya* della nostra mente volubile. Dobbiamo impregnare la mente di attenta consapevolezza e vivere nel momento presente, invece di offuscarla con idee che non rispecchiano assolutamente chi siamo.

Il flusso dei pensieri attraversa senza sosta la mente, che vaga da una parte all'altra senza mai fermarsi nel momento presente; accoglie tutte le emozioni che sorgono, benché nessuna di esse rifletta la gemma preziosa che siamo. Ci diciamo: "Ebbene, io sono fatto così...". In tal modo rischiamo di rimanere a lungo impantanati, intontiti dal fantasmagorico mondo delle nostre emozioni.

In realtà, l'abituale e incessante chiacchierio mentale è inconsistente e le vocine che lo compongono ci sussurrano cose sempre diverse quali, ad esempio: "Odio questa persona; sono geloso di quella; sono un fallito..." La mente ci propone continuamente interpretazioni assurde della realtà a cui ogni volta, come bambini indifesi, crediamo ciecamente.

La nostra più valida alleata nella battaglia contro la mente è un'attenta consapevolezza, con la quale prendere coscienza che non siamo la risma di pensieri che ci attraversa.

A volte, combatterli potrebbe persino rafforzarli. Non si possono arrestare volutamente i pensieri e i desideri: cercare di farlo potrebbe generare soltanto ansia o depressione. Sforziamoci invece di domare la mente attraverso

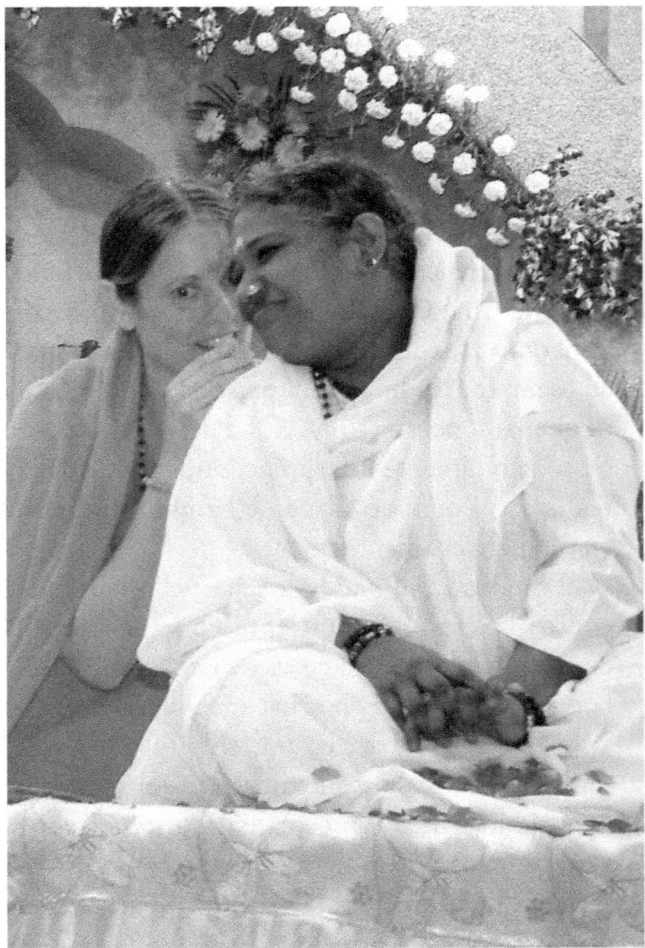

l'accettazione e il distacco, consapevoli della nostra vera natura.

Amma è la nostra pietra filosofale. Quando le rivolgiamo i nostri pensieri, scopriamo che gli impulsi più negativi vengono trasformati in luce. Amma si offre di agire come catalizzatrice della metamorfosi, trasmutando le nostre negatività in pensieri di traboccante gioia ispirati da lei.

Quando pensiamo a lei, stiamo dirigendo la mente verso una direzione costruttiva e le impediamo di scorrere nei consueti solchi pericolosi. Amma placa il nostro animo e ci riporta al Divino, così da poter riprogrammare la mente verso la gioia.

Alla fine di un programma in Giappone, un uomo piuttosto anziano inciampò mentre seguiva Amma che stava lasciando la sala. Da come si comportava, si sarebbe detto che fosse in stato di ebbrezza o avesse qualche problema di salute. Cominciò a imprecare contro i giapponesi accanto a lui, sebbene fossero tutti molto gentili e rispettosi nei suoi confronti.

Quando si avvicinò ad Amma, smise di inveire, si pacificò e si addolcì. Il giorno seguente si presentò per la meditazione del mattino ed entrò nella sala sorridendo e ridendo. Si era trasformato in un uomo molto gentile. Amma è l'incarnazione dell'amore e ammansisce la bestia selvaggia che è in tutti noi.

È difficile colmare la mente soltanto di sentimenti positivi quali la compassione, l'empatia e l'amore, ma svolgendo pratiche spirituali come la recitazione del mantra, la meditazione, gli atti di carità e il servizio disinteressato, compiamo buone azioni che ci fanno stare bene. Essere solidali giova anche a noi stessi e ci aiuta ad avere più autodisciplina.

Quando sentiamo che il nostro cuore si apre all'altro, quando abbracciamo un bambino o asciughiamo le lacrime di una persona tribolata, sperimentiamo il vero amore altruistico. L'amore è la sorgente, l'essenza della nostra vera natura: Amma testimonia questa verità con la sua vita e desidera che anche noi facciamo lo stesso.

Ecco una storia commovente che riguarda uno dei devoti più sinceri di Amma: pur essendo molto povero, egli dedica la maggior parte del suo tempo ad aiutare gratuitamente nella cucina dell'ashram. Quando venne fissato il giorno delle nozze di sua figlia fu molto felice ma, man mano che questa data si avvicinava, la sua gioia si trasformò in apprensione perché non aveva abbastanza denaro per pagare le nozze.

Gli inviti erano già stati stampati, ma per motivi economici fu invitato un numero ristretto di persone. L'uomo decise di andare al darshan di Amma e di consegnarle il primo invito, sperando di poter così alleviare lo stress e la tensione che avvertiva.

Ricevette il biglietto per l'abbraccio, attese in fila alcune ore e finalmente giunse da Amma che l'aspettava a braccia tese. Al colmo della gioia e al tempo stesso in preda all'angoscia, le consegnò l'invito, ma a causa della moltitudine di gente attorno ad Amma, fu spinto da un lato e non riuscì a ricevere il darshan. Non poteva più rimettersi in fila per l'abbraccio perché avevano già ritirato il suo biglietto. L'uomo era profondamente addolorato per non aver potuto raccontare ad Amma i suoi problemi.

Estremamente preoccupato, si arrovellava chiedendosi come trovare il denaro per pagare le spese del matrimonio. Si diresse verso la mensa, si sedette su una sedia e scoppiò in lacrime. Vedendo la sua disperazione, un suo amico si

avvicinò per consolarlo. Mentre stavano parlando, un devoto di Singapore si sedette e si unì a loro. Dopo aver ascoltato il motivo del pianto, trasse una busta dalla tasca e gliela porse dicendo: "Prendila e non preoccuparti". Poi si alzò e se ne andò.

Lentamente, il pover uomo l'aprì, e vide che conteneva 50.000 rupie. Era allibito. Pensò che non poteva assolutamente accettare questo regalo e corse dal devoto che glielo aveva dato. Quando lo raggiunse, lo ringraziò dicendogli che non poteva accettare una tale somma e aggiunse anche che Amma si sarebbe presa carico di tutte le sue necessità. Cercò quindi di restituirgli la busta con i soldi.

Il devoto di Singapore rispose pacatamente: "Dovresti considerare il denaro come un regalo di Amma. Non lo riprenderò. Ti aiuterà a coprire le spese del matrimonio di tua figlia".

Amma non è confinata nel suo corpo, lei opera attraverso di noi ed è sempre con noi sia che ce ne ricordiamo e accorgiamo o meno. Sono davvero stupende le vie di cui si serve per effonderci la sua grazia, talvolta nei posti e nei momenti più inaspettati. Con la sua grazia, possiamo vivere nella pace e nella serenità pur nelle difficoltà della vita.

Una ragazza mi chiese: "Qual è la chiave per la felicità?" "Semplicissimo", risposi, "dimentica te stessa e pensa agli altri". Quando abbiamo estirpato le negatività che crescono in noi conseguiremo la liberazione.

Giungeremo alla libertà e alla beatitudine supreme soltanto se la nostra vita è fondata su sani principi spirituali, ma abbiamo anche bisogno di una stella polare che ci mostri la via. Amma si offre magnanimamente al mondo come la nostra stella polare. Sotto la sua guida, arriveremo un giorno a conoscere e a fare l'esperienza dell'inconfutabile verità che noi siamo il Sé, Pura Coscienza e Pura Beatitudine. In realtà, il Sé è la vera natura di ogni cosa.